D1724816

JEET KUNE DO

•

JUN FAN GUNG FU
KICK-BOXING

SALEM ASSLI

AVEC LA PARTICIPATION DE DAN INOSANTO

JEET KUNE DO

●

JUN FAN GUNG FU
KICK-BOXING

Chiron
ÉDITEUR

Jeet kune do
est publié dans la série « Science du combat »

Dans la même série

L'auteur et l'éditeur déclinent toute responsabilité en cas d'incident ou d'accident survenant à l'occasion de l'exécution de l'ensemble des techniques contenues dans le présent ouvrage.

ÉDITEUR

ISBN : 2-7027-0693-2
© CHIRON, 2002
25, rue Monge • 75005 Paris
Tous droits de traduction, de reproduction et d'adaptation réservés pour tous pays.

Les photographies techniques sont de Pierre-Yves Bénoliel. Les photographies de Bruce Lee sont de la collection privée de Yuri Nakamura, Dan Inosanto et Salem Assli. Elles sont publiées avec leurs aimables autorisations.

PRÉFACE DE DAN INOSANTO

C'est un grand honneur pour moi d'écrire la préface du livre de Salem Assli sur le jeet kune do : jun fan kick-boxing. Salem est mon élève depuis 1984, et en 1986 il a reçu de mes mains ses diplômes d'instructeur en jun fan gung fu et en arts martiaux philippins. Continuant ses recherches, apprenant et s'élevant toujours dans les arts, Salem aujourd'hui encore poursuit son entraînement avec moi, tout en s'entraînant aussi en shoot wrestling, jiu-jitsu brésilien et aux arts martiaux de l'empire du Madjapahit.

Professeur, gant d'argent 2ᵉ degré en boxe française-savate, Salem enseigne ces arts dans mon académie de Los Angeles en Californie, ainsi que la canne et le bâton. Également instructeur de muay-thai certifié par Ajarn Chai Sirisute, Salem possède non seulement une base solide pour comprendre et employer les techniques et les stratégies qui sont au cœur du jun fan kick-boxing, mais il sait aussi comment les appliquer en conjonction avec les autres styles et systèmes.

Je suis fier que Salem ait écrit ce livre et je suis persuadé qu'il deviendra un complément indispensable à votre bibliothèque sur les arts martiaux.

Dan Inosanto

Dan Inosanto.
Fondateur et directeur de l'Inosanto Academy of Martial Arts.
Los Angeles, Californie, USA.

Remerciement spécial à

Jean-Michel Ray,
Mathieu Moriamé
et Lavonne Martin
pour leur participation
aux prises de vues.

DÉDICACE

Je dédie tout d'abord ce livre à Dan Inosanto,
mon *si fu* dans l'art du jeet kune do
et à *si mo* Paula Inosanto.

À mon père Benziane Assli
et ma mère Christiaens Liliane
qui ont toujours été respectueux de mes choix.

À Shizue
qui désarme... du regard.

À Jacky, mon meilleur ami,
à qui ce livre va sûrement rappeler des souvenirs.

À mon frère Djilani
et à mes sœurs Djamila et Sadia
que j'adore.

To Neal and Helena Cauliffe,
my good sunny Florida JKD friends.

À Yuri Nakamura,
mon instructeur en *shoot wrestling* qui partage
la même passion que moi pour *si jo* Bruce Lee.

Et à tous mes élèves tant aux États-Unis qu'en France ou ailleurs
avec qui j'apprends sans cesse et que je remercie.

Et finalement à Pierre-Yves Bénoliel de la revue
Ceinture noire, pour me donner
l'opportunité de partager ma passion.

SALEM ASSLI
Los Angeles, juillet 2001

AVANT-PROPOS

L'affiche française originale de La Fureur de vaincre *(1971).*

C'est dans un cinéma de quartier, dans la banlieue de Lille où je résidais, que je vis pour la première fois le visage de Bruce Lee. J'avais quatorze ans. Il y avait une toute petite affiche du film *La Fureur de vaincre* qui était perdue parmi toutes les autres affiches, plus ou moins extravagantes, de films chinois ; c'était la folie du kung fu.

J'ignorais le nom de l'acteur qui était sur cette affiche, mais son regard et ses bras tendus me fascinaient. Je me disais chaque samedi soir en le regardant que cet homme ne devait pas avoir beaucoup de problèmes pour se débarrasser de son adversaire et je me demandais si un jour je verrais son film. Puis, par hasard, je tombais sur les actualités de 13 heures où l'on annonçait qu'une production sino-américaine, *Opération dragon*, sortait sur les écrans parisiens. À l'époque j'étais gymnaste et je fus conquis par l'extrait où Bruce Lee fait une démonstration de sa vitesse dans l'exécution de ce que je connaîtrais plus tard sous le nom de « *trapping* » ; j'étais aussi impressionné par sa précision technique et la beauté cinglante de ses coups de pied.

La nouvelle de la mort du jeune artiste me bouleversa. Pourtant une pensée traversa immédiatement mon esprit : qu'aurait donné un combat entre lui et celui de l'affiche du cinéma de mon quartier ? Quelques semaines plus tard, je découvrais qu'ils étaient une seule et même personne ! J'étais stupéfait ; je crois que j'ai vu tous les films de Bruce Lee une quarantaine de fois chacun, j'étais conquis et je n'avais qu'une seule idée en tête, apprendre son art, mais comment ?

J'étais alors un véritable fanatique de Bruce Lee, et je m'entraînais avec mon meilleur ami, mordu comme moi, dans les sous-sols des appartements nouvellement construits, à l'abri « des regards indiscrets », où j'essayais d'imiter la façon qu'avait Bruce de donner ses coups de pied et de faire voltiger son nunchaku.

Michel et Salem (arborant fièrement la tenue du Jeu de la mort) au Cap d'Agde en 1981.

En 1979, je finis par trouver l'adresse de l'héritier et légataire de son art, Dan Inosanto. Celui-ci vivait et enseignait à Los Angeles, en Californie ; j'étais quant à moi en train de perdre un an en Allemagne. Je décidais donc de lui écrire une lettre de quatre pages où je lui exposais, entre autres, mon désir de développer en France le jeet kune do, l'art de Bruce Lee.

Ma lettre avait dû lui faire de l'effet, car un an plus tard, jour pour jour, je reçus une lettre de Dan Inosanto lui-même où il m'acceptait officiellement comme élève à la fameuse Filipino Kali Academy, comme on l'appelait encore à cette époque. Mon plaisir était indescriptible. J'appris plus tard que Dan Inosanto ne répondait quasiment jamais aux centaines de lettres qu'il recevait, à cause de son emploi du temps surchargé.

En décembre 1980 avec Martial dans les sous-sols d'un parking à Lille (photo Jacky Creneau)

Malheureusement les autorités américaines sont très strictes en matiè-re d'immigration ; elles furent particulièrement hésitantes à laisser passer un jeune sans documents universitaires ni preuve d'une attache solide en France. Je désespérais de pouvoir me rendre aux États-Unis jusqu'au jour où j'eus une idée géniale qui me permit d'obtenir un visa permanent. Quand je pus me rendre finalement en Californie, trois ans plus tard, Dan Inosanto lui-même me fit l'honneur de venir me chercher et de m'emme-ner visiter son école. Ma première impression quand je mis les pieds dans la salle fut que l'esprit de Bruce, j'entends par là son héritage, était bien vivant. J'eus l'occasion de voir les plus avancés à l'entraînement : ils n'étaient pas là pour faire de la figuration ! Le premier soir, il y avait un entraîneur de boxe anglaise qui donnait le cours et qui avait été le *sparring-partner* de Rocky Marciano, quelques jours plus tard des amis de Dan Inosanto, experts en penjak silat, vinrent diriger un stage : en guise de final, ils s'amusèrent à casser avec des low-kicks des battes de baseball attachées entre elles avec du scotch.

Je ne parlais pratiquement pas l'anglais mais la simplicité et la force tranquille de Dan m'étaient très confortable ; je voulais prendre toutes ses classes et c'est ainsi que je me retrouvais avec les avancés dès la première semaine, moi qui étais censé commencer uniquement par la phase un. Je voulais apprendre vite et le plus possible car je ne savais pas combien de temps je resterais ; je m'entraînais 6 heures par jour 6 jours sur 7. Au bout d'un an et demi, ma décision était prise : je resterais aux États-Unis. Aujourd'hui moins que jamais je ne regrette pas mon choix : les Etats-Unis sont le véritable pays de la liberté et des droits de l'homme, où n'im-porte quel rêve, même le plus fou, peut encore se réaliser.

Deux ans et demi après mon arrivée à Los Angeles, et peu de temps avant mon premier retour en France, Dan Inosanto et sa future femme Paula vinrent me voir pendant que je dirigeais une de mes classes de boxe française pour me remettre mes premiers diplômes d'instructeur en jun fan jeet kune do et kali philippin.

Ma technique de jambe n'étant pas trop mauvaise, Dan me confia la responsabilité d'enseigner la boxe française au sein de son académie, en espérant que je passerais mes diplômes en France, ce que je fis dès mon premier retour. Dan m'avait prêté le livre de Bernard Plasait sur la boxe française-savate, et c'est de lui que je m'étais inspiré, c'était encore l'ancienne méthode avec les bras en extension. Aujourd'hui, je considère toujours ce livre comme l'un des meilleurs. Lorsque j'arrivai en France, je suivis un stage à Voiron sous la direction du directeur technique national d'alors, Bob Alix. Celui-ci, après avoir vu mon article dans un magazine américain, m'avait remis le gant jaune pour que je puisse avoir quelque forme d'autorité pour enseigner, en attendant que je vienne le mériter réellement en France. J'avais eu un accident de moto un mois auparavant, et en arrivant en France je souffris immédiatement de l'humidité : je pouvais à peine marcher le matin. Le jour de l'examen, je pensais abandonner, mais ma compagne me dit qu'il fallait que j'essaie quand même. Le médecin me fit un traitement aux ultrasons, qui me permit de marcher normalement ; au bout d'une heure, je ne sentais plus rien. Je passais en compagnie de plus de 40 élèves l'examen du gant d'argent 1er degré et le monitorat ; quoique je fusse le seul à pratiquer l'ancienne forme et à n'avoir

Session de photos pour la promotion
de la boxe française savate pour des
magazines américains

jamais eu de professeur pour me corriger, je finis quand même premier au gant d'argent et premier ex-æquo avec un autre élève pour le monitorat. Je me disais que ce n'était pas mal pour quelqu'un qui avait appris tout seul... avec un livre. Bob Alix était content de mes résultats et de constater qu'il ne s'était pas trompé à mon sujet. J'aimerais ici le remercier pour m'avoir fait confiance.

Ce fut pareil pour Dan Inosanto qui fut, avec sa femme, très heureux de mes résultats.

Aujourd'hui, l'Inosanto Academy est située près de l'aéroport de Los Angeles ; s'il est un peu plus facile en règle générale d'y être membre, la qualité de l'enseignement est toujours au top. C'est peut-être pour cela que de partout autour du monde des pratiquants de toutes les disciplines viennent s'y éduquer et apprendre pendant quelques jours ou quelques semaines des systèmes qu'ils n'ont pas chez eux. Le jeet kune do et le kali tels qu'ils sont enseignés par Dan Inosanto sont un processus d'apprentissage sans fin ; à chaque cours que je prends avec mon instructeur, j'apprends des choses nouvelles, et cela dans n'importe quelle discipline. Dan Inosanto, la soixantaine radieuse, est dans une forme éblouissante ; il ne s'arrête jamais de s'entraîner, d'apprendre et de partager ce qu'il sait avec ses élèves. Dan Inosanto qui est diplômé, certifié dans tant de disciplines, et dont il est pour certains systèmes le représentant mondial, a encore obtenu l'année dernière sa ceinture noire en jiu-jitsu brésilien sous Rigan Machado. Inosanto est à ma connaissance l'individu le plus diplômé au monde dans les disciplines d'arts de combats les plus diverses, et il est pour nous tous, artistes des arts martiaux, un exemple — un homme d'une ouverture d'esprit peu commune. J'éprouve un plaisir constamment renouvelé de l'avoir comme instructeur ; en tant qu'élève direct formé entièrement par lui, je suis fier d'être devenu un des « petit-fils » de Bruce Lee à l'intérieur du clan du JKD comme le veut la tradition chinoise.

On comprend mieux en le rencontrant pourquoi Bruce Lee l'a choisi et certifié comme unique instructeur en jeet kune do et comme successeur. Dan Inosanto possède toutes les qualités que l'on peut espérer d'un instructeur digne de ce nom. A l'heure où, dans le monde des arts martiaux, les gens sont en général plus impressionnés par l'apparence, Dan, lui, impressionne par son talent qui n'a d'égal que son humilité.

Pierre-Yves Bénoliel écrivait il y a quelques temps à propos de Dan Inosanto : « Tout en muscle, l'homme est une véritable encyclopédie vivante des arts martiaux ». Il est vrai que ses connaissances et sa mémoire sont phénoménales ; il peut tout expliquer en démontrant les choses physiquement et en vous donnant l'historique et les origines des techniques. Je n'ai jamais rencontré d'autres personnes capables de faire tout cela à la fois. On reste rêveur en pensant à Bruce Lee dont Dan lui-même dit qu'il avait au moins vingt ans d'avance sur tout le monde.

Je profite de ce livre pour le remercier pour tout ce qu'il a fait pour moi mais aussi pour tous les autres, car tous sans exception dans la famille du JKD, proches ou éloignés, nous lui sommes redevables. Merci *si fu*.

Salem Assli

Salem Assli

INTRODUCTION

Une photo rare : Bruce, pendant un moment de détente, partage ses réflexions et détaille les règles qui régissent son école avec ses élèves du Jun Fan Gung Fu Institute à Chinatown (Los Angeles). Notez Dan Inosanto à ses côtés, et l'absence totale de tenues traditionnelles. Plus tard, les élèves seront reconnaissables à leurs t-shirts blancs et au cercle imprimé sur le côté gauche de la poitrine signifiant « le néant » (l'absence de formes).

« Toute vérité passe par trois étapes. D'abord elle est ridiculisée, puis elle est violemment combattue. Finalement, elle est acceptée comme une évidence », a écrit quelque part le philosophe Arthur Schopenhauer. Si cette formidable observation s'applique aux découvertes d'individus de toutes sortes, elle s'applique également à Bruce Lee et à son art du jeet kune do.

Avant qu'il ne révolutionne le monde des arts martiaux, Bruce Lee était considéré par la plupart des traditionalistes comme un jeune rebelle anti-conformiste dont on n'entendrait plus parler assez rapidement. En réalité, Bruce, qui se sentait investi d'une mission, était considérablement en avance sur son temps. Ses méthodes d'entraînement étaient totalement révolutionnaires, et la plupart des puristes criaient au scandale devant sa façon de faire : il s'entraînait en musique, frappait sur le sac de frappe chaussures aux pieds (seuls les boxeurs français faisaient de même), frappait de manière non orthodoxe sur son mannequin de bois. Ses élèves ne portaient pas de tenues traditionnelles, et il leur apprenait, notamment, à combiner les systèmes entre eux, ce que lui-même faisait avec une aisance déconcertante. De fait, les idées nouvelles, nées de la synthèse intelligente des recherches constantes que faisait Bruce Lee, balayaient violemment des siècles de traditions. Bruce n'avait peur de rien et surtout pas de choquer.

Bruce Lee continue d'influencer le monde des arts martiaux plus que n'importe qui d'autre. Il fit des jaloux jusqu'en France qui fut, en 1975, le seul pays au monde à oser organiser un débat avec des pratiquants soi-disant experts en arts martiaux et dirigé par le président de la FFKAMA de l'époque, débat dont le thème était : « Pour ou contre Bruce Lee ». Pour couronner le tout, ils allèrent jusqu'à le comparer à une bonne ceinture noire 3ᵉ dan, comme il y en avait (selon eux) des milliers rien qu'en France. J'en ris encore. Pendant ce temps-là, les bons, eux, s'entraînaient. Dominique Valéra qui n'était pas présent ce jour-là fut le seul qui reconnut tout de suite les talents de Bruce Lee et en fit l'éloge. Faut-il être soi-même doué, intelligent et humble pour reconnaître le talent des autres ?

De nombreux autres talentueux artistes des arts martiaux ont à un moment donné avoué leur admiration pour les talents du Petit Dragon, des gens comme Sugar Ray Leonard (qui confia au magazine *Playboy* que Bruce Lee avait eu une grande influence sur sa manière de boxer), Peter Aerts, Rob Kaman, Benny Urquidez, Jhoon Rhee, Bill Wallace, Mike Stone, etc. On pourrait écrire un livre entier sur l'influence que Bruce Lee exerça et exerce encore sur des centaines de milliers de personnes, qu'elles soient pratiquantes ou non. Aujourd'hui, son influence se ressent partout dans les clubs de gym, de fitness et d'arts martiaux. Pratiquement tout le monde s'entraîne ou s'essaie à plusieurs styles d'arts de combat. Presque toutes les disciplines de percussion pieds-poings utilisent les instruments que lui et Dan Inosanto introduisirent dans son institut (pattes d'ours, bouclier, sac de frappe, etc.). La plupart des gens s'entraînent aux arts martiaux avec des chaussures aux pieds, et des systèmes qui enseignent le combat sur toutes les distances ont été mis au point ces dernières années. Satoru Sayama, le créateur du *shoot wrestling* au Japon, reconnaît avoir été grandement influencé par Bruce Lee.

Mais comment tout cela a-t-il commencé ?

DU WING CHUN AU JUN FAN GUNG FU

Lorsque Bruce Lee arriva de Hong Kong aux États-Unis en 1959, il pratiquait alors le wing chun gung fu qu'il avait appris de son instructeur, le maître Yip Man.

Peu de temps après son arrivée, Bruce se mit à dispenser des cours aux Américains et s'aperçut rapidement des limites de ce style, qui, selon lui, mettait trop l'accent sur le combat rapproché en utilisant les saisies et le travail des poings aux dépens des techniques de pieds qui permettent le combat à distance. Le style wing chun est parfait pour la lutte dans les

Bruce Lee à son arrivée aux États-Unis en 1959.

(PHOTO CI-CONTRE)
Bruce Lee à Hong-Kong, vers l'âge de 16 ou 17 ans, en train d'étudier les saisies du wing chun gung fu avec maître Yip Man.

(PHOTO CI-DESSOUS)
Bruce pose avec son maître, le leader du clan Wing Chun.

espaces restreints et surpeuplés comme Hong-Kong. En revanche, les grands espaces qu'offrent les États-Unis permettent d'autres formes de combats beaucoup plus « aérés ». De plus, la corpulence des Américains est très différente de celle des Chinois de Hong-Kong. Afin de rendre son wing chun de plus en plus efficace, Bruce développa son propre système de boxe chinoise et greffa à sa nouvelle méthode des éléments plus raffinées et plus efficaces qu'il trouva dans d'autres systèmes de kung fu. Sa méthode se fit rapidement connaître sous le nom de « jun fan gung fu », du nom de son école, et qui était son nom de naissance, « Jun Fan » signifiant littéralement « né à San Francisco ». Devant l'efficacité grandissante de son art, Bruce se détacha de plus en plus du système wing chun.

Avec l'aide de Taki Kimura et de James Lee, Bruce donna de nombreuses démonstrations sur la côte ouest des États-Unis. C'est James Lee qui présenta Bruce Lee à Ed Parker, considéré comme le père du kempo karaté aux États-Unis, et organisateur du tournoi de Long Beach.

LE TOURNOI DE LONG BEACH

En 1964, dans le milieu des arts martiaux, on commençait de plus en plus à parler d'un jeune pratiquant phénoménal du nom de Bruce Lee. Ed Parker l'invita officiellement à démontrer son art au tournoi de Long Beach en Californie. Cette démonstration fit fureur et ceux qui eurent la chance d'y être en parlent encore aujourd'hui. Ed Parker la filma entièrement. Pour la première fois, le public put apprécier la vitesse, la finesse et la puissance de Bruce Lee, dont la plupart des artistes martiaux avaient déjà entendu parler. Bruce fit également une démonstration de full-contact, c'était une première. C'est sans aucun doute ce qui a été à l'origine de la création de la boxe américaine par certains des meilleurs pratiquants de karaté, de taekwondo et de kempo de l'époque. Les meilleurs pratiquants d'alors, Mike Stone, Joe Lewis, Chuck Norris, etc., ont tous, à un moment donné, pris des cours privés avec Bruce Lee.

C'est à Dan Inosanto qu'Ed Parker avait confié la responsabilité de s'occuper de Bruce pendant son séjour à Los Angeles. Dans son livre *Jeet Kune Do, the Art and Philosophy of Bruce Lee*, Dan raconte qu'après avoir

L'affiche du premier tournoi de Long Beach organisé en 1964 par Ed Parker, où Bruce Lee fit sa fameuse prestation qui le rendit célèbre. C'est également lors de ce tournoi que les spectateurs virent pour la première fois aux États-Unis une démonstration publique des arts martiaux philippins par les élèves de Floro Villabrille. Ceux qui en furent s'en souviennent encore...

En août 1964, Bruce et Dan Inosanto firent leur première démonstration ensemble au Chinese Mann Theater sur Hollywood Boulevard à Los Angeles.

ramené Bruce à l'hôtel il n'était guère charmé : « Je n'ai pas fermé l'œil de la nuit, cela me tracassait car ce que Bruce faisait était quelque chose que je n'avais encore jamais vu. C'était comme apprendre quelque chose toute votre vie et un jour quelqu'un vient vous voir pour vous dire : " Vous pouvez partir, vous ne faites plus l'affaire ". Dans mon cas, j'avais étudié tous ces différents arts, je n'irai pas jusqu'à dire qu'ils ne valaient rien, mais Bruce contrait tout ce que je faisais sans le moindre effort. »

DAN INOSANTO

Suite à sa démonstration au tournoi, Bruce était demandé partout pour démontrer son art ; c'est Dan Inosanto qu'il choisit comme partenaire. C'est grâce au film d'Ed Parker que Bruce fut découvert pour tenir le rôle de Kato dans *Le Frelon vert*. Bruce décida alors de venir s'installer à Los Angeles afin d'être sur place.

Bruce etait un pur produit des années 1960, avec tout ce que cela comportait comme rébellion contre ce qui était figé, classique et traditionnel. Il dira lui-même : « Il faut constamment briser les traditions pour les améliorer. »

En attendant la production du *Frelon vert,* Bruce avait tout le temps de s'entraîner et d'entraîner celui qui sera son meilleur assistant et élève. La rencontre fut une aubaine pour les deux hommes. Quand Bruce aura besoin de quelqu'un pour jouer la doublure de son adversaire dans un des épisodes du *Frelon vert,* c'est à Dan Inosanto qu'il fera appel.

LE JUN FAN GUNG FU INSTITUTE

La rencontre de Bruce Lee avec Dan Inosanto va donc changer beaucoup de choses. Les deux hommes vont ouvrir en 1967 une école au 628 College Street, en plein cœur du quartier chinois de Los Angeles. C'est durant cette période que Bruce va développer encore plus sa méthode de combat, ce sera un processus sans fin. Selon Dan Inosanto, le Bruce Lee de

« Ma seule voie, ne pas en avoir. Ma seule limite, ne pas en avoir. »

1967 était beaucoup plus fort que celui de 1966, et celui de 1968 beaucoup plus fort que celui de 1967, etc. En fait, Bruce progressait à une telle vitesse que le programme d'entraînement à Chinatown changeait tous les mois.

Souvent, les artistes martiaux qui rencontraient Bruce Lee pour la première fois se demandaient si Bruce était aussi bon dans les enchaînements, et contre des attaques multiples, qu'il l'était en ripostant d'un coup unique et ce, dès la première attaque. Selon Inosanto, non seulement il l'était, mais en plus il se payait le luxe de n'en avoir pratiquement pas besoin ; sa rapidité, son *timing*, sa précision et la puissance de ses coups pouvaient

arrêter n'importe qui dans son attaque. En fait, il n'avait pas besoin du reste, même s'il s'y entraînait. Toujours selon Inosanto, il n'y avait pratiquement personne capable de lui donner la réplique.

Aucun visiteur n'était admis dans le Jun Fan Gung Fu Institute, et si un élève arrivait en retard, il devait taper un code secret pour pouvoir entrer. À l'intérieur on y travaillait les arts martiaux de Lee Jun Fan, ce qui inclut le wing chun, le jun fan gung fu, la boxe anglaise, le jun fan kick-boxing, le chin na et les armes du jun fan. De plus, on y travaillait intensément la condition physique, car Bruce y attachait énormément d'importance. Il lui arrivait souvent de faire des programmes personnalisés pour chacun de ses élèves. On utilisait ces arts pour développer toutes les armes naturelles, chacun selon ses propres besoins. On travaillait le développement des techniques de poings, les différents coups de pied et coups de genou, les projections, balayages et prises de lutte ainsi que toutes sortes de clés et d'étranglements. Sur les centaines de styles qu'il avait étudiés ou observés, Bruce « emprunta » à tous ceux qui pouvaient renforcer son art et le rendre plus efficace, de manière aussi à ce que ses élèves aient une base solide et puissent être à l'aise quelles que soient les distances de combat.

Si un élève excellait en boxe, Bruce lui demandait de développer parallèlement ses techniques de pieds. Si un autre élève n'était pas souple ou au contraire excellait en pieds-poings, il le faisait travailler également au sol afin d'être polyvalent. Les classes étaient limitées à un nombre restreint d'étudiants car Bruce n'aimait pas l'enseignement de groupe ; il préférait se consacrer pleinement à une seule personne à la fois.

En ce qui concerne l'enseignement de sa méthode, Bruce Lee se montrait très réservé, et Dan Inosanto lui-même n'était pas autorisé à enseigner tout ce qu'il apprenait de Bruce. De ce fait, la nouvelle génération des élèves à l'Inosanto Academy, ne serait-ce que ceux de la phase I ou II, ont, pour la plupart à leur insu, la chance d'avoir beaucoup plus de connaissances que les élèves de Chinatown.

De plus en plus pris par ses engagements, et surtout parce qu'il préférait s'entraîner plutôt qu'enseigner, Bruce Lee délégua la pleine responsabilité de l'enseignement à Dan Inosanto, qui donna plus de 90% des cours jusqu'à la fermeture du *kwoon* de Chinatown en 1970.

DU JUN FAN GUNG FU AU JEET KUNE DO

Los Angeles n'est pas seulement une ville tentaculaire avec plus de 160 langues et dialectes recensés, c'est aussi une ville où toutes les cultures se mélangent et où beaucoup d'idées et d'inventions nouvelles surgissent chaque jour. LA est aussi le creuset d'une myriade d'arts et de systèmes de combats où la plupart des grands noms des arts martiaux résident. Bruce comme Dan auront chacun l'occasion, ensemble ou séparément, de côtoyer et d'étudier toutes sortes de disciplines. Cette façon de faire et d'étudier était mal vue par la majorité des pratiquants de l'époque, qui faisaient soit du karaté soit du jiu-jitsu, par exemple, mais pas les deux à la fois. À cette époque, les rivalités entre les différentes disciplines étaient très fortes.

Dan Inosanto a une grande part de responsabilité dans le développement du jeet kune do, non seulement après le décès de Bruce Lee, mais aussi de son vivant, chose que peu de gens savent en dehors du clan JKD. Comme l'a dit un jour Taki Kimura, l'un des trois seuls individus certifiés[1] instructeurs par Bruce Lee avec James Lee et Dan Inosanto : « Avant Dan Inosanto il n'y avait pas de jeet kune do ». Bruce avait tant de respect pour les connaissances et la personnalité d'Inosanto qu'en février 1967 il lui remit son diplôme d'instructeur 3e degré en jeet kune do, diplôme nécessaire selon Lee pour enseigner. Dan Inosanto est le seul homme au monde à avoir reçu un tel diplôme signé de la main du maître, et le seul autorisé par *si jo* Bruce Lee à délivrer des niveaux (*ranks*).

À la mort de Lee, Inosanto est devenu le numéro un mondial dans l'enseignement de cet art. Qui donc mieux que lui, qui fut présent le jour où Bruce Lee prononça pour la première fois le terme « jeet kune do », peut en expliquer la véritable origine ?

---

1. *Taki Kimura est certifié instructeur en Bruce Lee's tao of chinese gung fu, James Lee (décédé) était certifié en jun fan gung fu, et Dan Inosanto est certifié en jeet kune do ainsi que dans les deux autres disciplines.*

*Dan Inosanto offre à Bruce une plaque pour son anniversaire
de la part des élèves avancés de son école à Chinatown.*

Tout a commencé, dit-il, au début de l'année 1966 ; Bruce Lee et moi faisions
un tour en voiture dans le quartier chinois. Nous parlions d'escrime. Bruce disait
que la façon la plus efficace de contrer en escrime, c'était le coup d'arrêt. Un coup
d'arrêt, ce n'est pas lorsque vous faites une parade et qu'ensuite vous contrez ; ça
se fait en un temps. Quand l'agresseur attaque, vous interceptez son mouvement
avec un coup de pointe ou un coup de votre choix, dans le but de l'intercepter au
milieu de son attaque ; de tous les contres, c'est le meilleur, le plus économique.

Ensuite Bruce a dit : « On devrait appeler cette méthode, "le style du coup de poing qui arrête" ou le "style du coup de poing qui intercepte".
- Comment dirait-on ça en chinois ? lui ai-je demandé.
- Jeet kune do. »

Jeet kune do signifie "la voie du poing qui arrête" ou "la voie du poing qui inter-cepte". Donc au lieu de bloquer et de frapper ensuite, il s'agit d'intercepter et de frapper. Ça n'est pas toujours possible, mais ça doit rester l'objectif principal.

Jusqu'en 1967, cette méthode s'appelait "jun fan gung fu", c'était une modifica-tion de diverses techniques, de la mante religieuse du Nord à la mante religieuse du Sud, Choy Li Fut, serres de l'aigle, Hung Gar, boxe, boxe thaïe, savate, lutte, judo, jiu-jitsu, et plusieurs autres styles de kung fu du Nord. Le wing chun était le noyau et toutes les autres méthodes gravitaient autour.

C'est durant cette période que Bruce a développé son style particulier de coups de pied, une modification des styles de kung fu du Nord, grandement amélioré par la façon dont il s'entraînait. Plus tard il fut désolé d'y avoir donné le nom de jeet kune do, car il pensait que c'était aussi lui don-ner des limites ; selon lui, le style n'existe plus lorsqu'on a totalement compris les racines du combat.

Le terme JKD lui-même est venu tout naturellement, parce que Bruce utilisait beaucoup d'abréviations comme HIA (hand immobilization attack), ABC (attack by combina-tion), ABD, SAA, PIA...

Un jour je lui ai dit : « Ce JKD est fantastique ». Il a répon-du, « Eh ! j'aime ce terme JKD », et il l'a utilisé comme abréviation pour jeet kune do. Dans nos conversations per-sonnelles, on utilisait le terme JKD pour quelque chose de très bon, qui n'est pas de ce monde, d'unique ou de très rapi-de. Par exemple, nous pouvions conduire et voir un restau-rant que nous aimions et dire : « Ouais ! La nourriture, là,
c'est du JKD » ou « Le film que j'ai vu hier soir, c'était du JKD » ou encore « Waoh ! Cette peinture, c'est du JKD ». Mais Bruce disait toujours, « JKD, c'est juste un nom, il ne faut pas en faire toute une histoire. »

C'est donc au Jun Fan Gung Fu Institute que Bruce et Dan vont développer le jeet kune do. Aujourd'hui encore, beaucoup de gens ne comprennent pas vraiment la différence entre le jun fan gung fu et le jeet kune do. Pourtant la différence est simple : le jun fan gung fu est un style, le jeet kune do est un concept.

Le jun fan gung fu est un style fondé sur le wing chun fortement modifié par Lee Jun Fan (Bruce Lee), comprenant des éléments, comme on a pu le voir plus haut, d'autres systèmes de kung fu. Mais aussi d'arts de combats occidentaux, tels que la boxe anglaise. Les arts martiaux de Lee Jun Fan sont donc :
- le wing chun (méthode Lee Jun Fan) ;
- le jun fan gung fu avec toutes les techniques de poing et de saisies ;
- le jun fan western boxing ;
- le jun fan kick-boxing avec l'utilisation des genoux et des coudes ;
- le jun fan chin na (lutte avec clés, étranglements, projections, chutes, balayages, lutte au sol, etc.) ;
- les armes du jun fan (la lance, le nunchaku à trois branches, le bâton long). Cette dernière partie était en milieu de développement.

Travail des armes du jun fan sur une plage de Malibu.
Bruce au bâton à trois branches et Dan Inosanto à la lance.

Bruce montre son expertise au bâton long dans Opération dragon.

Le jun fan gung fu comporte un programme, donc des techniques qui sont classées, cataloguées, répertoriées de manière progressive, comme certaines que vous découvrirez dans les prochains chapitres et qui constituent les fondements du jeet kune do. Le jun fan gung fu possède également des séries tant au mannequin de bois que des séries progressives de défenses contre telle ou telle attaque, et même des enchaînements de pieds qui, pour certains, ressemblent à des katas (voir au chapitre 8). Le jun fan est un système, une progression de méthodes, un véhicule pour arriver à trouver ce qui marche pour vous. Si tous les éléments qui constituent le jun fan peuvent se pratiquer séparément, ils font néanmoins partie d'un tout. L'élève doit se familiariser avec chacun d'entre eux pour être capable de faire le lien entre ces différents composants et ce dans n'importe quelle situation.

Bien qu'il contienne également des techniques qui lui sont propres, le jeet kune do est un concept. Pour comprendre les principes, concepts et stratégies du jeet kune do, il est donc impératif de connaître et d'étudier en premier lieu le jun fan gung fu. On ne peut pas, par exemple, mélanger des styles de combats et dire : « Je fais du JKD », si l'on n'a pas appris auparavant le jun fan gung fu. Si l'on peut dire, pour citer Bruce Lee, que « le jeet kune do intègre tout, mais n'est intégré dans rien », il faut toutefois préciser que certains styles ou systèmes ne rentrent pas du tout dans la structure du jeet kune do, par leur absence de fluidité, par exemple.

Le jun fan gung fu, qui utilise les concepts du jeet kune do, est en per-
pétuelle évolution ; l'apport de Dan Inosanto de ce point de vue est
immense. Grâce à ses recherches (du vivant de Bruce), Dan y incorpora
entre autres le panantukan et le sikaran, une méthode de combat pieds-
poings des Philippines qui accroît encore l'efficacité du système jun fan,
non seulement par sa technique elle-même, qui a fait ses preuves, mais
aussi par sa méthode d'entraînement très sophistiquée. Les systèmes
d'arts martiaux philippins qu'enseigne Inosanto, tels que le système
Lacoste par exemple, sont tellement similaires, autant dans le concept que
dans la pratique, qu'ils aident à la compréhension et l'efficacité du jeet
kune do. Plus tard, d'autres styles de combat tels que la savate, le muay
thai, le penjak silat, le jiu-jitsu et le shoot wrestling ont été inclus dans le
curriculum du jun fan jeet kune do.

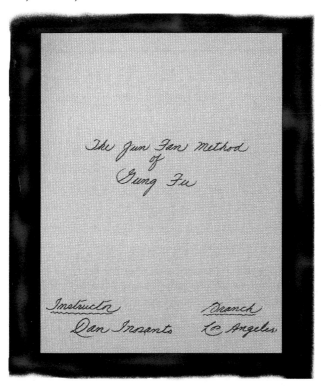

Page de couverture du programme du Jun Fan Gung Fu Institute écrite de la main
de Bruce lui-même ; il est écrit clairement que Dan Inosanto y est instructeur.

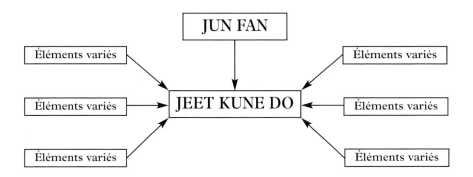

L'ESSENCE DE L'ART

Les différents systèmes sont en fait enseignés dans des classes bien séparées, en partie pour préserver leur identité, mais aussi pour garantir un certain niveau d'efficacité aux élèves, chacun étant libre de les explorer ou d'y adhérer à fond. En d'autres termes, lorsqu'un élève étudie le jun fan gung fu à l'Inosanto Academy, il est également exposé aux différentes méthodes d'entraînement, ainsi que les principes et concepts d'autres méthodes de combat telles que celles mentionnées plus haut, avec l'opportunité de les étudier s'il le souhaite. Cependant, cela ne veut pas dire qu'il embrassera le ou les systèmes dans leur entier ; s'il est intelligent, il en absorbera l'essence afin de se familiariser avec eux.

Une vie ne suffirait pas pour pouvoir apprendre ou même explorer tous les systèmes de combat, surtout s'il l'on veut en plus étudier leur histoire et leur philosophie. Une personne qui étudierait une ou même deux méthodes aurait plus de temps pour le faire qu'un pratiquant de jeet kune do qui aurait compris que pour étudier les différents systèmes adaptés aux différentes distances il faudrait qu'il s'entraîne 24 heures sur 24, ce qui est physiquement impossible. Le pratiquant de jeet kune do doit donc s'entraîner intelligemment et aller à l'essentiel. Il doit trouver le dénominateur commun entre les différents systèmes d'arts martiaux, pour pouvoir ensuite :

- absorber ce qui est utile ;
- rejeter ce qui ne l'est pas ;
- ajouter uniquement ce qui lui appartient.

Absorber ce qui est utile signifie que l'élève doit prendre ce qu'il peut ou pourra déployer. Cependant ce qui est utile pour lui ne le sera pas nécessairement pour quelqu'un d'autre. Il y a, au moment où j'écris ces lignes, des millions de gens qui suent sang et eau et qui payent pour étudier un système qu'ils ne maîtriseront jamais. Le seul avantage, c'est qu'ils transpirent, mais si leur vie dépendait de leur pratique martiale, ils ne pourraient pas faire grand-chose. Prenons par exemple les personnes qui étudient un système de combat où tous les coups de pied se donnent au-dessus de la ceinture mais qui, par manque de souplesse, ne peuvent pas lever la jambe plus haut que la hanche. Si ces personnes veulent réellement

Invité par Jhoon Rhee, le père du taekwondo aux États-Unis,
Bruce fit un voyage en République dominicaine en février 1970,
on le voit ici poser en compagnie de pratiquants locaux.

étudier l'art de la self-défense, elles devraient plutôt se tourner vers des styles qui leurs permettent de s'exprimer pleinement avec leurs limites, qui peuvent devenir leur force, et se pencher vers des systèmes tels que la lutte, la boxe française, etc. ; là, ils pourront faire usage de leur poings et frapper en low kick. Certains pratiquants s'évertuent à essayer de maîtriser des techniques qu'ils ont vu exécutées avec succès par d'autres. Elles leur semblent efficaces ou esthétiques, mais malgré leur acharnement, elles restent inaccessibles pour eux. Si, au bout de quelques essais, on n'y arrive toujours pas, il faut parfois laisser tomber et passer à autre chose, cela peut signifier que la technique ne nous correspond pas.

Rejeter ce qui est inutile ne peut se faire que lorsqu'on a acquis un certain bagage technique. Il faut aller à l'essentiel en gardant uniquement ce qui est devenu naturel pour nous. Cependant, il ne faut pas non plus rester fixé uniquement sur ce que l'on sait faire le mieux, car cela nous empêche parfois de voir le reste et transforme notre savoir en habitude ou en « maladie ». Certaines personnes « pleines de bonnes intentions », ayant lu que Bruce Lee disait : « Ce n'est pas " chaque jour on apprend ", mais " chaque jour on désapprend " », ont cru comprendre qu'il ne fallait pas accumuler les connaissances. À ces personnes j'aimerais faire prendre conscience que l'on ne peut pas désapprendre ce que l'on n'a pas appris. En d'autres termes, pour parvenir au stade du désapprentissage, il faut avoir un bagage de départ. Ce commentaire de Bruce Lee s'applique aux artistes qui ont appris un système traditionnel plus ou moins rigide et qui souhaitent se mettre au jeet kune do. Ils seront obligés de « désapprendre » afin de pouvoir absorber beaucoup plus facilement ce qui sera forcément quelque chose de nouveau pour eux.

Un artiste qui débute, quel que soit son art, que ce soit un architecte, un peintre, un sculpteur, un chanteur, etc., devra d'abord étudier et connaître ce qui se fait avant de pouvoir lui-même créer un nouveau genre ou un nouveau style. Il devra d'abord apprendre puis désapprendre pour être enfin lui-même. Comme l'écrivait Bruce en 1964 : « Ce n'est pas tant ce que vous avez appris, mais ce que vous avez absorbé qui compte. Ce n'est pas la somme de connaissances que vous avez accumulé en gung fu, mais ce que vous pouvez appliquer en gung fu qui importe. Une technique bien maîtrisée est plus efficace que mille apprises à moitié ».

Finalement, ajouter ce qui nous appartient à ce que l'on découvre signifie que chaque technique nouvelle doit s'harmoniser avec ce que l'on sait déjà afin d'élever toujours plus haut son niveau physique et mental. Ces éléments techniques doivent devenir des éléments naturels ; nous devons les ressentir pleinement comme une partie de nous-même.

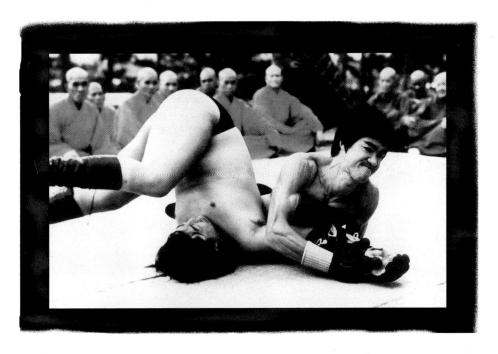

*Trouvant que le début d'*Opération dragon *manquait de « punch »,
Bruce filma la fameuse scène contre Sammo Hung en tout dernier
comme scène d'ouverture. Bien avant l'heure, il démontra
au public l'importance du travail au sol.*

Beaucoup de gens font l'erreur de penser que parce que telle ou telle personne est plusieurs fois victorieuse avec son style, c'est une preuve que son style est le meilleur. Malheureusement, il n'y a rien de plus faux. Ce n'est pas le style qui fait la réussite, mais celui qui sait l'utiliser. Si un représentant du muay thai, de la savate ou du jiu-jitsu brésilien perd son combat contre un représentant d'un autre style, est-ce que cela prouve que son style est moins bon ? Absolument pas. Cela prouve juste que celui qui a gagné était le plus fort.

Lors des premiers UFC, plusieurs styles se sont fait surprendre au jeu des Brésiliens. Tous ceux qui y avaient participé avaient la même faiblesse : ils n'avaient aucune expérience du travail au sol. Conclusion : ils se sont tous mis à étudier le travail au sol pour combler cette lacune, et finalement d'autres styles ont pu gagner à leur tour. Cela a été une des grandes contributions des Brésiliens. Pourtant, déjà, Bruce dans *Opération dragon* avait démontré au public que la lutte est tout aussi importante que le reste, que l'on pouvait gagner par soumission au sol et qu'il ne fallait donc pas négliger cette partie du combat.

De la même façon, si on se concentre uniquement sur le travail au sol, on développera des faiblesses. Que se passe-t-il si l'on doit faire face à deux ou trois adversaires en même temps ? Va-t-on essayer d'en attraper un et l'amener au sol pour lui faire une clé de bras ? Bien sûr que non ! On va plutôt essayer de donner des piques aux yeux, des coups de pied dans l'aine ou dans les genoux. Mais on ne va certainement pas essayer d'aller au sol. À chaque problème sa solution.

Bruce découvrit que chaque style avait ses avantages et ses inconvénients. Certains ont apparemment plus d'avantages que d'inconvénients car ils couvrent plusieurs distances de combat. Cependant aucun système n'est totalement complet. On reconnaît un bon système au fait qu'il permet, et mieux encore, encourage ses pratiquants à rechercher, à expérimenter et à créer. Un système qui n'évolue pas tend à disparaître.

Bruce pensait également que les styles traditionnels d'arts martiaux divisaient les hommes plutôt que de les rassembler. Chacun pense que son style est le meilleur, ignorant ou souvent même dénigrant les autres méthodes. Bruce voulait donc libérer ses élèves des styles et des systèmes classiques. Cela ne veut pas dire que techniquement ils ne sont pas bons, mais pour Bruce une personne qui s'exprime à travers un style exprime le style, elle ne s'exprime pas elle-même. Le jeet kune do quant à lui n'est rien de plus que l'expression de la personne dans sa totalité.

Le 27 mars 1981, le jun fan gung fu (jeet kune do) a été reconnu comme un art (mais non comme un style) par l'Académie officielle de boxe chinoise (Kuoshu Federation), une division de la République de Chine à Taiwan au ministère de l'Éducation, légitimant l'art de *si jo* Bruce Lee et le plaçant sur le même plan que le tai chi chuan, le shaolin et autres styles historiques mondiaux.

The TRUTH IN COMBAT IS DIFFERENT FOR EACH INDIVIDUAL IN THIS STYLE

1. RESEARCH YOUR OWN EXPERIENCE
2. ABSORB WHAT IS USEFUL
3. REJECT WHAT IS USELESS
4. ADD WHAT IS SPECIFICALLY YOUR OWN

CAHIERS
TECHNIQUES

Ma photo préférée de si jo Bruce Lee.

CHAPITRE 1

LE SALUT ET LE RESPECT

« Je sais que socialement bon nombre d'entre vous ici sont des amis et qu'en dehors de l'école je suis Bruce. Mais ici vous devez m'appeler *si fu*. Malgré la bonne ambiance, il doit régner une certaine discipline. Si cette école se trouvait en Chine, certains d'entre vous ici n'auraient plus leurs dents de devant. » Ainsi s'adressa un jour Bruce Lee à ses élèves de Chinatown.

Le jun fan jeet kune do, comme tout art martial, a sa propre forme de salut ou respect. C'est là ce qui fait sa différence avec la bagarre de rue. L'un des objectifs du salut est de toujours garder en mémoire que durant les entraînements nous sommes là pour apprendre. Pas seulement les arts

martiaux, pour ceux qui ont choisi cette voie, mais également apprendre à se découvrir soi-même tout en restant humble pour évoluer vers un niveau de conscience toujours plus élevé, en utilisant les arts martiaux comme véhicule pour parvenir à ces objectifs.

La main gauche représente l'érudition, la connaissance. La main droite représente le combat, le courage, les deux mains ensemble symbolisent l'artiste des arts martiaux qui utilise son intelligence et ses connaissances pour parvenir avec courage jusqu'au bout des objectifs qu'il s'est fixés, malgré les embûches qui peuvent surgir sur son chemin.

Le salut se fait au début et à la fin de la session. En jun fan jeet kune do, les élèves saluent l'enseignant, qu'ils nomment *si fu* pendant les cours (ce qui signifie « instructeur », et rien de plus), et ensuite font face au portrait de *si jo* Bruce Lee pour lui rendre hommage également, en tant que fondateur du système, sans aucune idolâtrie. Nous faisons, d'une manière un peu simplifiée, le même salut à notre partenaire avant l'entraînement ou avant et après les assauts, et aussi chaque fois que nous changeons de partenaire. Le salut en jeet kune do est directement issu du kung fu chinois.

CHAPITRE 2

LA POSITION DE BASE
DU JUN FAN JEET KUNE DO

« **U**ne posture convenable est une question d'organisation efficace du corps qui ne peut se réaliser qu'après un entraînement long et discipliné » Bruce Lee.

Bruce en position de garde classique du wing chun.

La position de base du jun fan jeet kune do que l'on appelle « *bai-jong* » (la garde) est très importante. Elle doit permettre la défense, l'attaque, ainsi que la riposte, tout cela de manière extrêmement rapide, économique et efficace.

Durant les premières années qu'il passa aux États-Unis, Bruce Lee utilisait la garde du wing chun, style qu'il avait étudié à Hong-Kong, le corps plus de face et les deux mains en avant, dans le même alignement.

Cependant, si cela marchait avec la plupart des artistes martiaux de l'époque, il se rendit vite compte que sa garde avait des lacunes considérables ; elle n'était pas pratique dans certaines situations. Sa rencontre avec l'athlète de haut niveau qu'était déjà Dan Inosanto à l'époque changera la vision que Lee avait de la garde. Bruce et Dan se mettaient dans une pièce et Bruce devait essayer de le coincer. Cependant Inosanto, qui faisait souvent la une des journaux de Stockton pour ses prouesses en football américain et en athlétisme, ne se laissait pas coincer facilement. Devant la vitesse de déplacement d'Inosanto, Lee, qui utilisait donc au départ la garde de face et les déplacements du wing chun, se mit à la modifier graduellement pour créer finalement celle que l'on utilise aujourd'hui en jun fan jeet kune do.

La position de garde du jun fan JKD est, à l'évidence, très différente de la position classique du wing chun gung fu. Elle a évolué avec le temps et les expériences de Bruce, comme nous venons de le voir. La garde en JKD se rapproche beaucoup plus de celle de la boxe anglaise

Bruce dans une des positions de garde du jeet kune do.

ou de la française[1], selon la distance. Contrairement à la boxe anglaise, les pieds sont plus près l'un de l'autre, dans la position de la marche. La position de base doit être relâchée, mais en même temps tonique de façon à pouvoir répondre dans un délai minimal face à l'attaque de l'adversaire avec la possibilité d'utiliser toutes les armes naturelles que nous possédons, les « outils[2] » comme nous les appelons.

La tête est droite et le menton légèrement baissé lorsqu'on est à distance de pied ou carrément hors distance, mais il faut refermer sa garde lorsqu'on boxe avec les poings ou qu'on se retrouve en corps à corps. Les coudes sont près du corps pour protéger les côtes et l'abdomen. La main arrière se place devant le visage au niveau de l'épaule avant avec la main ouverte pour saisir les jambes ou les bras de l'adversaire ou fermée pour la frappe. Elle peut également, selon le type d'adversaire qui se trouve en face, se trouver sur le côté du visage en protection.

En ce qui concerne le bras avant, celui-ci doit se situer au niveau de la ligne centrale ou légèrement sur l'extérieur, mais ne doit pas traverser cette ligne. Le poing avant ne doit pas gêner la vue, ni se trouver trop près du corps, car les différents mouvements doivent pouvoir se faire très vite. Il ne doit pas être trop en avant pour ne pas perdre de puissance, mais aussi pour éviter les coups de la jambe avant et surtout les saisies, si tel est le jeu de l'adversaire. Le poing avant peut constamment varier sa position, sans toutefois trahir son rôle afin de décontenancer l'adversaire.

Les jambes sont légèrement fléchies et la distance qui sépare le pied avant du pied arrière ne doit pas être trop exagérée, une jambe avant trop avancée est particulièrement vulnérable aux attaques en *low kick* sur toute

---

1. *Les pratiquants de boxe française de nos jours la trouveront très similaire à la leur, de même que le jeu de jambe et les déplacements et bien d'autres choses encore que nous verrons au fur et à mesure dans ce livre. Au bout du compte, puisque nous ne sommes dotés que de deux bras et de deux jambes, certains systèmes ont acquis des similarités entre eux et finissent sur certains points par se rejoindre, même si la boxe française est un sport et que le jeet kune do n'en est pas un. J'aimerais par ailleurs ouvrir une parenthèse pour souligner le fait que les pratiquants de boxe française-savate qui voudraient se mettre à la pratique du jun fan JKD auront l'avantage de ne pas avoir « à réapprendre » les déplacements, car ils sont à la bonne école. J'invite ici les pratiquants des autres disciplines à s'essayer à la boxe française afin de développer ou de peaufiner entre autres leur jeu de jambe.*

2. *Voir le chapitre sur les armes naturelles du jun fan jeet kune do.*

la surface de la jambe et aux balayages (*sweeps*). Elles ne doivent pas non plus être trop proches l'une de l'autre car cela limiterait le temps de réponse lors des esquives et des déplacements. Le poids du corps est en majeure partie (60-70%) sur la jambe arrière, le reste (30-40%) repose sur la jambe avant, le tout reposant sur la plante des pieds. Le talon arrière est surélevé et fait office de ressort afin de permettre de bondir si nécessaire ou de reculer sous la pression de l'attaque adverse. Si le pied avant donne l'impression de reposer sur le talon, cela n'est pas le cas. Le poids reste toutefois en majeure partie sur la plante du pied. L'idée est de pouvoir fondre avec aisance comme un félin sur sa proie, ou de pouvoir sauter en arrière si cela est nécessaire. En un mot, il faut faciliter au maximum les déplacements offensifs ou défensifs.

En jun fan jeet kune do, contrairement à la boxe anglaise ou aux autres styles de kick-boxing, Bruce Lee utilisait le principe de l'escrime et préconisait de mettre sa meilleure jambe et son meilleur poing en avant, de manière à frapper vite et fort sur la cible la plus proche, souvent la jambe avant, les parties ou les yeux de l'adversaire, mais aussi pour intercepter le bras ou la jambe avant. Bruce voulait que ses élèves développent la puissance de leur bras avant, afin de ne pas « télégraphier » les coups tout en ayant la même puissance que celle du bras arrière, ce qui n'est pas sans surprendre l'adversaire. Il appliquait ce même principe pour la jambe avant. Pour Bruce, un élève qui se concentre trop à développer la puissance de son bras et de sa jambe arrière va, dans la plupart des cas, négliger le développement de son bras ou de sa jambe avant qui selon lui devraient faire la plus grande partie du travail.

Un des talents de Bruce était son *timing*. Il préconisait d'arrêter l'adversaire dans son élan en utilisant des coups d'arrêt[1]. Ces techniques se font donc naturellement de la jambe ou du poing avant le plus fort. Cette méthode marchait admirablement bien pour Bruce qui était extrêmement

1. *D'où le nom « jeet kune do » : la voie du poing (ou du pied) qui intercepte.*
2. *École.*

rapide. Les élèves issues du *kwoon*[2] de Chinatown étaient donc tous pour la plupart en garde à droite (garde inversée ou fausse garde). Il faut encore une fois se rappeler que le jeet kune do n'est pas un sport de compétition, et que les deux principales techniques de base qui composent son arsenal sont le *jik tek* (coup de pied direct aux parties génitales) et le *biu jee* ou *finger jab* (attaque avec la pointe des doigts) dans les yeux de l'adversaire, deux techniques que l'on retrouve également dans l'ancienne savate et qui se révèlent être dévastatrices. Même dans les combats qui se déroulent dans des cages, ces deux techniques sont interdites. Elles se pratiquent et ne trouvent leurs réelles efficacités que du bras et/ou de la jambe avant. On comprend donc ici pourquoi Bruce favorisait la garde à droite.

Plus tard, avec l'influence du kick-boxing (dont, ironie du sort, Bruce Lee fut l'instigateur) et parce que certains s'entraînaient aussi en boxe anglaise, la plupart des pratiquants du jun fan gung fu de la deuxième génération avec Dan Inosanto ont adopté la garde à gauche (vraie garde). Néanmoins, certains pratiquants du JKD sont en garde à gauche, parce que leur poing et leur jambe avant gauche sont réellement plus forts que leur droite.

Peu importe que vous ayez choisi d'adopter la garde à gauche ou la garde à droite, tant que cela marche pour vous, gardez-la ; tel est l'un des principes du JKD. Cependant, il est fondamental de savoir pratiquer toutes les techniques dans les deux gardes, et spécialement pour toutes les techniques de saisie. Ce qui importe le plus dans la garde, c'est que vous soyez toujours en équilibre, tout en étant protégé et que vous puissiez riposter sans délai. Pour cela, il faut, après chaque attaque ou riposte, que vous reveniez sur votre garde de prédilection. En effet, dans le cas contraire, cela gênera plus qu'autre chose votre temps de réaction, car vous aurez à réfléchir pendant au moins une fraction de seconde avant de poursuivre. Changer de garde trop souvent peut vous amener à être plus facilement la proie des *low-kicks*.

Le visage doit être inexpressif et le corps totalement relâché, sans tension. La tension et la rigidité vont « télégraphier » vos mouvements à l'adversaire et les rendront plus lents. Vous devez par conséquent avoir le corps décontracté de la tête au pied ; j'entends par là que si dans la tête vous êtes décontracté le reste du corps le sera aussi. La plupart des champions tous sports confondus ont tous un point commun : ils ont atteint la décontraction physique et mentale qui leur permet de rester en harmonie même dans les moments les plus stressants.

En vérité, on comprendra vite qu'il n'y a pas de position de garde proprement dite en jeet kune do, que tout est possible ; cependant, il ne faut pas faire n'importe quoi n'importe quand.

Les positions et gardes du jun fan jeet kune do sont simplement des postures de transition qui vous permettront d'atteindre vos objectifs. Les mains sont en fait constamment en mouvement ainsi que le haut du corps afin de confondre l'adversaire, le tout dans un équilibre dynamique en relation constante avec lui.

CHAPITRE 3

LES DÉPLACEMENTS (FOOTWORK)

« Un bon jeu de jambe peut venir à bout de n'importe quelle attaque, et une distance bien maintenue déroutera n'importe quel adversaire quelle que soit son habileté » Bruce Lee.

La vie, c'est le mouvement, il est donc tout naturel que la mobilité soit une des parties cruciales de l'entraînement au jeet kune do. Tout réside ainsi dans l'art de se déplacer. C'est une partie fondamentale que malheureusement bon nombre de pratiquants d'arts martiaux négligent, soit parce que le style qu'ils pratiquent est plus ou moins statique, soit parce qu'ils n'en ont pas compris la raison, ni saisi l'importance. Dans un combat où les deux adversaires sont physiquement à égalité, l'avantage va presque toujours à celui qui possède les meilleurs déplacements.

Lorsque, il y a quelques années, Dan Inosanto fut invité à Milan (Italie) pour donner un stage, les organisateurs l'invitèrent au combat Pennachio-Dekkers. Pour ceux qui ne les connaissent pas, Pennachio était le champion du monde de boxe française du moment et Dekkers plusieurs fois champion de boxe thaïlandaise dans sa catégorie. Le combat se déroula dans les règles du kick-boxing, c'est-à-dire que le Français n'avait pas l'usage de ses chaussures et le Néerlandais l'usage de ses coudes ou de ses genoux, la frappe en jambe se faisant surtout avec les tibias. La plupart des spectateurs présents pensaient qu'à ce jeu le Français n'avait que très peu de chance. C'était sans compter sur son jeu de jambe. Lorsque le combat fut terminé, Pennachio n'avait pratiquement pas souffert, alors que le visage de Dekkers était vraiment tuméfié. Si le Français avait joué le jeu du Néerlandais, il est pratiquement sûr qu'il aurait perdu, car à celui-ci Dekkers est supérieur, mais Pennachio a utilisé intelligemment ses déplacements au grand désarroi de son adversaire qui ne savait plus où donner de la tête. Quand il revint aux États-Unis, Dan Inosanto me dit qu'il avait reconnu Bruce Lee dans le travail de Pennachio. Ce n'est pas la première fois que Dan Inosanto trouve que certains savateurs lui font penser à Bruce dans leur façon de se mouvoir ou de donner leurs coups de pied.

Bon nombre de boxeurs français qui virent *Enter the Dragon*[1] trouvèrent que les techniques de pieds et la façon de bouger de Bruce Lee ressemblaient à s'y méprendre à de la savate.

Si Sébastien Farina, François Pennachio et tant d'autres l'ont plus récemment prouvé sur le ring, Bruce Lee l'avait déjà fait lors de son combat avec Chuck Norris pour le film *La Fureur du dragon*. Bruce voulait montrer que si l'on joue le jeu de l'adversaire qui ne se déplace pas et s'il est meilleur dans ce domaine, on risque tout simplement d'y laisser des plumes ; il décide d'utiliser un jeu de jambe beaucoup plus mobile avec entre autres des déplacements latéraux... Les résultats sont immédiats.

Comme à son habitude dans tous ses films, Bruce Lee voulait « éduquer » le public des arts martiaux en démontrant l'importance de l'adaptation aux circonstances ; d'où l'avantage d'une grande mobilité. Dans ses « commentaires sur les arts martiaux » (les notes originales), Bruce explique que « l'art de la mobilité est l'essence du combat ». En effet, le jeu de jambe permet la défense, mais également les attaques et contre-attaques.

Les esquives sont beaucoup plus faciles à exécuter lorsque l'on est déjà en mouvement. On peut donc économiser du temps et surtout de l'énergie en esquivant les coups de pied ou les coups de poing plutôt qu'en les bloquant. Si l'on est statique et que l'on doit se déplacer, il faut faire des transferts de poids du corps qui prennent toujours beaucoup trop de temps et dont l'adversaire saura prendre avantage. Un adversaire qui reste sur place est plus vulnérable aux attaques, alors que s'il est constamment en mouvement il devient beaucoup plus difficile à toucher. De plus, une riposte après une esquive est souvent plus efficace, car elle surprend l'adversaire qui, la plupart du temps, n'a pas eu le temps de se repositionner après son attaque.

Même chose lorsque vous devez attaquer ou riposter, si la distance qui vous sépare de votre adversaire est trop importante, un jeu de jambe approprié vous permettra de la rattraper sans perdre le *timing*. Même si un combattant possède une excellente technique de pied ou un boxeur une

---

1. *Opération dragon.*

excellente technique de poing, il ne sera jamais capable d'être vraiment efficace si ses déplacements sont pauvres ou si son jeu de jambe n'est pas parfaitement au point. Bouger pour bouger, ce n'est pas là l'idée. Comme le disait Bruce Lee, l'espace est une arme : il faut se déplacer tout en étant conscient de l'espace qui nous entoure et de nos possibilités tant offensives que défensives.

Il faut aussi, dans ses déplacements, être économe, c'est-à-dire être en mouvement en utilisant les déplacements adéquats, par exemple ne pas croiser la jambe gauche devant la droite pour aller à droite et vice versa, une erreur que malgré tout beaucoup commettent encore. Cependant, avec de l'entraînement, on prend relativement vite le coup (si je puis me permettre l'expression).

Concrètement, il n'y a pas trente-six façons de se déplacer : on peut avancer, reculer, aller à droite ou à gauche. Mais s'il n'y a que quatre manières fondamentales de le faire, il en existe plusieurs autres qui sont autant de variantes (vingt-six de base pour être précis) et qui ont toutes leur place au sein de l'enseignement du jun fan kick-boxing ; la plupart sont souvent utilisées, plus ou moins consciemment, durant les assauts.

Le jeu de jambe de base du jun fan gung fu jeet kune do se compose du :

1- *Step and slide shuffle advance*
(Avance du pied avant et glissement du pied arrière)

2- *Step and slide shuffle retreat*
(Recul du pied arrière et glissement du pied avant)

3- *Right side step*
(Déplacement latéral à droite)

4- *Left side step*
(Déplacement latéral à gauche)

SLIDE AND STEP SHUFFLE ADVANCE

SLIDE AND STEP SHUFFLE RETREAT

RIGHT SIDE STEP *(déplacement latéral à droite)*

LEFT SIDE STEP *(déplacement latéral à gauche)*

Certaines des variations les plus usitées sont :

5- *Push shuffle advance*

6- *Push shuffle retreat*

7- *Slide and step shuffle advance*

8- *Slide and step shuffle retreat*

9- *Curving right*

10- *Curving left*

11- *Lead step (jag step) 3 ways*

12- *Pendulum step (forward and backward)*

13- *Step thru*

14- *Step back*

Les déplacements peuvent et doivent se travailler devant un miroir afin de voir ses défauts et de pouvoir les corriger. On peut pratiquer des séries comme à l'*academy* dans les classes de phase 1 et 2, c'est-à-dire des séries en répétition de 3, 5, ou plus, et ce, de manière régulière jusqu'à ce que cela devienne naturel. On peut également travailler ses déplacements avec un partenaire (exercice du miroir). Comme l'écrivait Bruce dans ses notes : « La perfection vient avec la pratique. Après un certain temps, le jeu de jambe devient naturel, habile, vif et assuré. »

11- LEAD STEP (JAG STEP) 3 WAYS

Coup de pied circulaire de Bruce sur Han (Shih Kien).

CHAPITRE 4

LES DISTANCES

« Concentrez-vous sur votre adversaire et le contrôle de vos armes naturelles, la jambe s'occupera des distances » Bruce Lee.

À l'origine, dans le jeet kune do, l'arme principalement exploitée[1] était la lance que Bruce Lee considérait, selon Inosanto, comme la reine des armes blanches. Même si Lee était particulièrement compétent dans le maniement du bâton long et des doubles bâtons, leurs développements et leurs exploitations n'en étaient qu'à un stade encore embryonnaire lorsque la mort le surprit en 1973. Aujourd'hui, en jeet kune do, grâce aux efforts incessants d'Inosanto et son apport des arts martiaux philippins ainsi que d'autres disciplines, toutes les distances sont exploitées au maximum.

Ces distances sont très variées :

• Distance des armes de projection

• Distance des armes blanches[2]

• Distance de pied *(kicking range)*

• Distance de saisies *(trapping range)*

• Distance de poing *(punching range)*

• Distance de lutte *(grappling range)*

• Lutte au sol *(wrestling range)*

---

1. *Selon Dan Inosanto, les armes du jun fan gung fu étaient à l'origine la lance, le bâton long et le nunchaku à trois branches. L'escrime philippine (le kali) qui comprend entre autres le maniement du simple et des doubles bâtons, ainsi que les fameux nunchakus, seront plus tard un autre apport d'Inosanto auprès de Lee.*

2. *Il s'agit ici des armes telles que le sabre, etc.*

Même si en jeet kune do elles sont toutes étroitement liées, les distances qui nous concernent ici sont la distance de pied, la distance de poing et les saisies. C'est donc sur ces dernières que nous allons particulièrement nous concentrer dans ce volume. Nous nous retrouvons donc avec : *1.Hors distance - 2.Distance de pied - 3. Distance de poing - 4.Distance des saisies - 5.Distance de la lutte debout et au sol.*

1. HORS DISTANCE

2. DISTANCE DE PIED

4. DISTANCE DES SAISIES, COUPS DE COUDE ET GENOU

3. DISTANCE DE POING

5. DISTANCE DE LA LUTTE DEBOUT ET AU SOL

Les distances vont tout naturellement de paire avec les déplacements. Elle sont donc un deuxième élément très important en jeet kune do, et tout spécialement en jun fan kick-boxing. Contrôler sa distance, c'est souvent contrôler l'issue du combat.

L'erreur classique que font la plupart des débutants en kick-boxing, c'est de se trouver soit trop loin ou soit trop près de l'adversaire et de faire usage des pieds quand il sont à distance des poings ou des poings quand ils sont à distance des coups de pied. Il y a des moments ou des occasions (*timing*) où ces coups sont possibles ; cependant, cela doit se faire consciemment et surtout économiquement. Dans le premier cas, si vous êtes trop loin de votre adversaire, vous ne pourrez pas le toucher, il ne sera donc pas le moins du monde inquiété. En revanche, s'il a les réflexes aiguisés, il saura vous cueillir avec un coup d'arrêt. Dans le deuxième cas, si vous êtes trop près de votre adversaire, vous serez incapable de déployer tout le potentiel de votre arsenal.

La plupart des pratiquants d'arts martiaux négligent de développer toutes les distances du combat. Pourtant si l'on a l'expérience et la pratique des distances, elles peuvent aider à survivre et à vaincre dans de nombreuses situations. Bruce disait que « le maintien d'une distance correcte de combat a un effet décisif sur son issue ».

On peut utiliser la distance comme moyen offensif ; par exemple, on peut rompre la distance et, pendant que l'adversaire la rattrape, bondir en avant pour l'intercepter avec un coup d'arrêt.

Si on se trouve en face d'un boxeur expérimenté, par exemple, il serait stupide d'essayer de boxer. Au lieu d'évoluer dans son élément, on va plutôt essayer d'utiliser ses pieds pour le garder à distance, ou plonger sous sa garde pour tenter de le renverser et le mettre en situation de combat au sol où il ne pourra pas s'exprimer aussi bien que debout. Même chose avec un pratiquant du jiu-jitsu, va-t-on essayer de l'amener au sol ? Au contraire, on va utiliser son *jab* et frapper de la jambe avant en ligne basse et le garder hors distance.

*Direct du bras avant (*jab*) de Bruce sur un de ses* sparring-partners.

Il faut dans le meilleur des cas toujours garder, entre l'adversaire et soi, la distance qui vous permet d'employer les bonnes armes au bon moment. Avec l'expérience, on restera le plus possible hors de portée des attaques de l'adversaire, en utilisant intelligemment ses déplacements afin que celui-ci ne puisse correctement calculer sa distance, tout en étant soi-même à distance favorable pour intercepter et/ou contre-attaquer.

*Coup de pied de côté (*juk tek*) sur un pratiquant de taekwondo.*

CHAPITRE 5

LES ARMES DU JUN FAN JEET KUNE DO

« Je vous donne les outils, à vous de voir comment vous voulez les utiliser » Bruce Lee.

Au risque de choquer le lecteur, il est un point important que je voudrais souligner ici : en jeet kune do, le kick-boxing n'existe pas. Le jeet kune do n'est pas un sport ; sa finalité est la « mise hors combat » de l'adversaire par des techniques pour la plupart interdites dans les compétitions.

Quand on lui demandait s'il pouvait illustrer un exemple du jeet kune do, Bruce Lee répondait : « Dans le film *La Fureur de vaincre*, lorsque Robert Baker, son corps en appui sur le mien, me pinçait la tête entre ses jambes comme une paire de ciseaux, je ne pouvais plus bouger. À ce moment-là, ni ma main ni ma jambe ne pouvaient m'aider. Seule ma bouche restait la plus proche de mon adversaire, tout de suite je lui ai donné un coup de dents et cela m'a sauvé. Voilà un exemple du jeet kune do. »

Nous pratiquons le kick-boxing en jun fan jeet kune do uniquement en tant qu'exercice de coordination et de conditionnement physique (cardio). Nous faisons même des *sparrings* en kick-boxing, mais jamais dans l'optique de la self-défense. Tout en jeet kune do se greffe plus ou moins autour du *biu-jee* et du *jik tek*. En situation réelle, il n'y a pas de temps pour faire du kick-boxing ; seul un nombre extrêmement limité de techniques sera utilisé. L'objectif principal d'un combat de rue est de se débarrasser de son adversaire le plus vite possible, sans élégance ni sophistication, c'est pourquoi les coups aux parties et aux genoux trouvent ici droit de cité.

En jeet kune do toutes les parties du corps sont utilisées comme arme, que ce soit pour l'attaque ou pour la défense. Il faut toujours utiliser, dans la mesure du possible, l'arme la plus longue sur la cible la plus proche, par exemple le coup de pied de côté de la jambe avant sur le genou de la jambe avant de l'adversaire, l'objectif, encore une fois, étant l'efficacité pure avec une économie de moyens maximale.

Bruce utilise une technique très JKD pour éliminer son adversaire (il lui tire les cheveux !). Son adversaire n'est autre d'ailleurs qu'un certain... Jackie Chan !

Une autre technique qui n'est pas très orthodoxe, mais très efficace : le coup de pied en crochetage dans les parties.

Comme on l'a vu dans le chapitre sur la garde, en jun fan jeet kune do les points forts sont en avant ; la main et le pied avant sont donc les principales armes de l'arsenal et sont grandement sollicitées ; selon Lee, ils doivent réaliser jusqu'à 80% du travail. Étant les plus proches des cibles adverses elles doivent frapper vite et fort, que ce soit lors d'un coup simple ou d'un enchaînement.

VOICI LES PRINCIPALES ARMES NATURELLES UTILISÉES EN JUN FAN JEET KUNE DO :

Partie supérieure
1- La main
2- L'avant-bras
3- Le coude
4- L'épaule
5- La tête

Partie inférieure
1- Le pied
2- Le tibia
3- Le genou

Bruce pose entre deux prises lors du tournage de Big Boss. *Bruce porte un pansement au doigt, car il s'était gravement coupé en nettoyant une vitre. L'humidité en Thaïlande était telle que Bruce ne put guérir rapidement ; il dut porter le pansement pendant pratiquement tout le tournage.*

DESCRIPTION DES ARMES DE LA PARTIE SUPÉRIEURE

A) FRAPPES AVEC LA MAIN

**1- *Chung chuie* ou *lead straight punch*
(Frappe avec le poing
vertical avant)**

Pour Bruce Lee, le coup de poing avant vertical est la base des techniques de poing en jeet kune do. Ce coup doit partir du poing avant, là où il se trouve au moment précis où vous décidez de frapper. Ils ne partent donc ni de l'épaule et encore moins de la hanche, mais directement du point A au point B dans la ligne la plus droite possible, en restant dans la ligne centrale, celle qui se trouve au milieu de votre nez. Ceci afin de ne pas dévier de la trajectoire et pour ne pas « télégraphier » l'attaque à votre adversaire. Il est quasiment toujours accompagné d'une poussée du pied arrière pour rattraper la distance et pour ajouter de la puissance. Ce coup est similaire au coup de pointe de l'escrimeur, sans la fente. Le *chung chuie* est particulièrement efficace en coup d'arrêt. Le coup de poing vertical permet de pénétrer la garde de l'adversaire, d'enchaîner avec d'autres techniques de poing, de poursuivre rapidement avec des saisies.

Bruce Lee précise que le coup de poing vertical doit être « économique, précis, rapide et explosif ».

Cible : haute, médiane, basse.

NOTE : Comme pour toutes les autres techniques de poing qui vont suivre, tous les coups doivent partir de la position de garde et revenir à la position initiale après l'impact. Au moment de la frappe, la main libre doit servir à protéger le visage.

2- *Hou chung chuie* ou *rear straight punch* (Frappe avec le poing vertical arrière)

Si l'on retrouve ici les mêmes principes que dans la technique précédente, il y a cependant quelques variations importantes à retenir. Tout d'abord, comme pour le *chung chuie* du bras avant, l'attaque en *chung chuie* du poing arrière doit également partir du point A au point B en utilisant la ligne la plus directe possible et sans être armé. Puisque le bras arrière met en général plus de temps à atteindre la cible que le bras avant, il est souvent précédé de la même attaque du bras avant ou en forme de feinte pour bloquer la vision de l'adversaire tandis que le poing arrière vient frapper au corps, avec force et sans hésitation. Le coup doit rebondir pour ajouter de la puissance à l'impact.

Le *hou chung chuie* est le plus souvent utilisé en attaque au corps, dans un rythme fluide non saccadé, c'est-à-dire que le bras arrière part dès que le bras avant revient.

Cible : haute, médiane, basse.

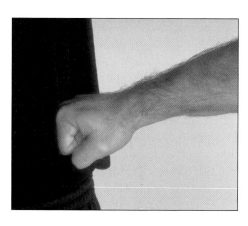

3- *Ping chuie* ou *jab* (Le direct du bras avant)

Ce coup se donne avec le poing à l'horizontal, sur toutes les parties du corps exactement comme en boxe anglaise, mais avec, en plus, des attaques aux parties et même occasionnellement sur la jambe avant (la cuisse) de l'adversaire.

En ligne haute, il existe plusieurs façons de l'exécuter, en voici trois parmi les plus usitées :

   a) Le *jab* rapide *(speed jab)* va du point A au point B en lançant l'épaule en avant. Il se donne sur place ou en avançant légèrement le pied avant pour gagner de la distance.

   b) Le *jab* puissant *(power jab)* est utilisé avec tout le poids du corps qui se transfère sur la jambe avant. Il peut être donné sur place, en avançant et en reculant, ou en série de deux ou trois pour harceler l'adversaire ou cacher un autre coup qui viendra juste derrière. Tel que le *jab cross*, par exemple.

   c) Le *jab* d'entrée *(entering jab)*. Il est utilisé pour gagner de la distance sur un adversaire qui recule après votre coup de pied par exemple, ou lorsque l'on veut s'approcher pour tenter une saisie, tel un *pak sao* par exemple.

Ces trois façons d'exécuter le direct du bras avant peuvent et sont souvent accompagnées d'un déplacement tel que le *step and slide* ou le *shuffle*. Dans tous les cas ceux-ci doivent être réalisés de manière synchronisée et surtout très rapide.

   d) Le *jab* oblique *(slanting jab)* à gauche ou à droite. Cette façon de donner le *jab* se fait lorsque l'on esquive une attaque aux poings de l'adversaire et que l'on riposte avec le *jab* d'une manière angulaire vers la droite ou vers la gauche. Cette façon de riposter se fait le plus souvent sur place.

Cible : haute, médiane.

4- *Cross*
(Le direct du bras arrière)

Similaire, dans sa technicité et dans sa forme, au *hou chung chuie*, le direct du bras arrière traverse la ligne imaginaire créée par le bras avant de l'adversaire, en passant soit par-dessus soit par-dessous. Comme pour le

Direct du bras arrière (cross) *de Bruce sur son* sparring-partner.
(Notez que Bruce est ici en garde à gauche.)

chung chuie, les attaques avec le *cross* doivent partir du point A au point B en utilisant la ligne la plus directe possible et sans être armé.

Il est souvent nécessaire d'avancer légèrement le pied avant pour gagner de la distance ; une rotation de la hanche et de l'épaule s'impose pour un maximum de puissance à l'impact.

Cible : haute, médiane, basse.

5- *O'ou chuie* ou *lead hook* (Le crochet du bras avant)

Le crochet du bras avant est un coup de poing qui se donne en général à distance rapprochée, en partant de la garde initiale et qui va du point A au point B en un mouvement circulaire sur un plan horizontal. On l'utilise sur un adversaire qui avance vers vous ou le plus souvent en enchaînement après une feinte du même bras en ligne haute ou en ligne basse pour faire ouvrir sa garde à l'adversaire. Le crochet se donne en pivotant sur le pied avant et avec le coude légèrement surélevé. La position du poing peut être horizontale, verticale ou entre les deux. La puissance du crochet vient de la rotation du bassin et du pivot sur le pied avant sur un axe vertical, mais jamais uniquement du balancement du bras à lui seul. Après l'impact, le poing doit rebondir pour plus de puissance et pour revenir immédiatement à la garde initiale. Il faut surtout éviter de traverser la ligne centrale et aller trop loin dans la frappe, ce qui aurait pour conséquence de se faire contrer plus facilement.

Le crochet, contrairement aux directs qui viennent en ligne droite, arrive sur le côté, là où le champ de vision est plus limité, ce qui le rend beaucoup plus difficile à parer. Le crochet est particulièrement efficace après un déplacement latéral.

Il existe plusieurs variations de crochets en jun fan JKD, en voici quelques-unes :

a- Le crochet en distance médiane. Même description que pour le crochet court, mais ici on peut enchaîner avec des coups droits tels que le *jab* et le *cross* sans avoir à réajuster sa distance.

b- Le crochet long. Même description que pour le crochet court et médian, cependant on peut ici enchaîner non seulement avec des coups droits tels que le *jab* et le *cross*, mais aussi avec plusieurs techniques de pieds.

c- Le crochet au corps. Similaire dans sa mécanique au crochet court du bras avant, mais il se donne en descendant le poing directement en alignement avec la cible.

d- Le crochet en tire-bouchon (*corkscrew hook*). C'est un crochet qui ressemble au crochet long, mais qui part en ligne droite et frappe avec le poing qui vrille en fin de course, il s'utilise en contre sur le direct du bras arrière (*cross*) de l'adversaire en passant à l'intérieur ou à l'extérieur de son attaque.

e- Le crochet en remontant (*upward or shovel hook*). C'est un crochet qui frappe à l'intérieur de la défense de l'adversaire dans un angle à 45 degrés, les phalanges pointant dans la même direction que le pivot sans aller plus loin pour éviter d'ouvrir sa garde à un éventuel contre de l'opposant.

Le crochet se donne du bras avant comme du bras arrière.

Cible : haute, médiane.

6- *Jin chuie* ou *uppercut* (L'uppercut)

C'est en quelque sorte un crochet vertical qui frappe au visage et au corps et qui peut se donner en distance courte comme en distance longue. Si l'uppercut part de la garde, il existe une autre variation d'uppercut, « *le bolo punch* », qui était utilisé par un boxeur philippin qui l'a rendu célèbre. Le nom fut donné en raison du fait que le mouvement part de très bas et rappelle le mouvement du cultivateur philippin qui utilise son *bolo* (machette) pour couper la canne à sucre. C'est un mouvement très puissant qui en jun fan JKD frappe au bas-ventre ou aux parties génitales en utilisant le poing mais aussi la paume de la main.

L'uppercut se donne du bras avant comme du bras arrière.

Cible : haute et médiane.
(Basse : uniquement pour le « *bolo punch* »).

7- *So chuie* ou *arc swing* (Le swing)

Il se situe entre le *cross* et le crochet long et utilise le dos du poing pour frapper. Il est efficace lorsqu'on se trouve en face d'un adversaire plus grand que soi. Il décrit un arc de cercle qui va de haut en bas. Le *swing* s'exécute du bras avant comme du bras arrière.

Bruce pratique le gua chuie *avec sa femme Linda aux mitaines.*

8- *Qua chuie* ou *backfist* (Le revers du poing)

Le revers est un apport typique de Bruce Lee en jun fan qui n'existe pas en wing chun gung fu. Le *backfist* est un coup de poing qui se donne avec le dos de la main en revers. Lorsqu'on est en garde à droite, le *backfist* se donne de la gauche vers la droite, ou de bas en haut. S'il peut se donner directement du bras avant, il est surtout très efficace après une saisie du bras avant de l'adversaire avec la main gauche (*lop sao*). Dans ce cas, le revers frappe dans les différentes parties du visage. Le revers peut également, selon la distance, frapper à la poitrine, à l'estomac et aux parties génitales dans un mouvement contraire de haut en bas.

Le revers de poing se donne du bras avant comme du bras arrière.

Cible : haute, médiane, basse.

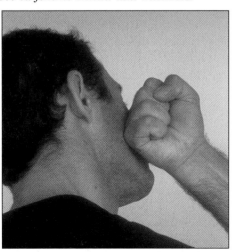

9- *Chop chuie* ou *half-fist / leopard fist punch* (Frappe avec les phalanges)

Le coup de poing en « patte de léopard » est souvent utilisé pour des coups dans des endroits particulièrement vulnérables et où les phalanges ne risquent pas de se briser ou de se fracturer à l'impact. Les cibles sont donc des points sensibles tels que l'abdomen, les côtes (particulièrement celles qui se trouvent juste en dessous des aisselles), la gorge, et qui par conséquent ne nécessitent pas une puissance de frappe exceptionnelle.

Cible : haute, médiane, basse.

10- *Biu jee* ou *finger jab* (Les directs en pique aux yeux)

De toutes les attaques, le direct avec la pointe des doigts était considéré par Bruce Lee comme la plus efficace. « Entre frapper son adversaire à la tête, disait-il, ou le piquer aux yeux, il faut choisir les yeux à tous les coups ».

Bruce démontre la différence de distance entre le biu jee *et le coup de poing droit classique. Comme on peut le voir, la photo fut prise à l'intérieur de l'école de Chinatown (628 College street à Los Angeles).*

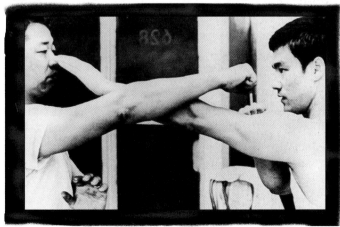

S'ils sont moins puissants que les directs avec le poing fermé, ils n'en demeurent pas moins les plus dangereux de tous les directs. En effet, le *biu jee* qui possède une allonge plus importante que le direct du bras avant frappe essentiellement les yeux de l'adversaire. Il ne nécessite donc pas de puissance particulière, mais plutôt de la vitesse et de la précision. Un simple *biu jee* qui touche même la surface de l'œil sans violence particulière suffit à mettre un assaillant hors de combat.

Utilisé aussi bien en attaque qu'en défense, le *biu jee* peut s'exécuter quand la position de la main avant est élevée, ou même complètement baissé pour mieux utiliser la vitesse et l'effet de surprise.

Le *biu jee* est aussi souvent utilisé pour des feintes, afin de tester le niveau de réflexe de l'adversaire et pour l'obliger à commettre des fautes (avancer son bras avant dans l'idée de le parer, ce qui aura pour effet de vous donner l'opportunité de tenter une saisie, par exemple, ou encore reculer son buste pour l'éviter et ainsi exposer sa jambe avant...).

Si le *biu jee* favorise particulièrement la distance de poing et celle des saisies, il peut aussi se donner dans toutes les autres distances.

On peut s'entraîner à pratiquer le *biu jee* dans plusieurs situations avec un partenaire qui porte des lunettes de sécurité. On peut donc le pratiquer par exemple en lutte au sol, en attaque et en défense, sur un partenaire qui tente de vous attraper aux jambes, etc.

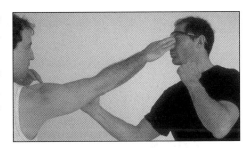

1. Debout en attaque directe aux yeux
2. Contre quelqu'un qui se baisse pour tenter de vous attraper aux jambes
3. Défense au sol en utilisant le *biu jee*

Une des spécialités de Bruce Lee, lorsqu'il se trouvait complètement hors distance, là où la plupart d'entre nous se sentirait en sécurité, était de bondir et vous toucher au visage, malgré la garde haute, chose qu'il parvenait à réaliser avec une aisance déconcertante.

Jeet kune do contre méthode classique : Bruce Lee et Dan Inosanto posent pour les besoins de la série Bruce Lee's fighting method *dans les studios du magazine* Black belt. *Série qui ne sortira qu'en 1977 soit quatre ans après la mort de Bruce.*

Si les doigts sont utilisés pour piquer en *biu jee*, ils ont également d'autres fonctions telles que tirer les bras de l'adversaire (*lop sao*), agripper les cheveux ou les oreilles de l'adversaire lors de saisies (*trapping*).

En jeet kune do les doigts servent aussi à pincer ou à serrer.

Dans une attaque simple, directe et de manière purement offensive, nous avons vu que le *biu jee* s'exécute uniquement du bras avant. La vitesse et l'effet de surprise combinés avec le fait que la cible est extrêmement vulnérable sont les atouts majeurs dans l'efficacité du *biu jee*. Néanmoins, il se donne également de la main arrière, et tout particulièrement durant les saisies.

11- *Jern da* ou *palm strike* (Frappe avec la paume)

Ce sont des coups qui se donnent avec la paume de la main et qui sont utilisés le plus souvent pour des frappes au visage, mais aussi au corps et aux parties génitales. Pour les coups en ligne haute, le plat de la main est utilisé comme un crochet long mais finit par gifler le visage de l'adversaire, au niveau de l'oreille. Une autre technique consiste à utiliser le bas de la paume pour frapper verticalement en remontant à la mâchoire (*dim jern*).

Le *jern da* se donne du bras avant comme du bras arrière.

Cibles : haute, médiane et basse.

DIM JERN

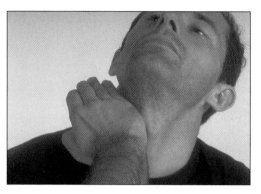

12- *Sat sao* ou *knife hand* (Tranchant de la main)

Il se donne avec le tranchant de la main, la paume retournée vers le sol. Il est le plus souvent utilisé en enchaînement avec des saisies pour des frappes sur le cou de l'adversaire, mais peut aussi frapper d'autres cibles telles que la base du nez.

Le *sat sao* est un mouvement d'attaque typique du système *wing chun*. Le *sat sao* se donne du bras avant comme du bras arrière.

Cibles : haute, médiane et basse.

13- *Sot kil* ou *hammer fist* (Coup de poing en marteau avec le dessous du poing)

Il se donne avec le dessous du poing pour frapper comme avec une massue ou un marteau (d'où son nom de coup de poing en marteau ou *hammer fist*). Ces attaques se font le plus souvent de haut en bas contre un adversaire qui se baisse ou esquive souvent, ou encore qui combat en étant positionné très bas sur ses appuis. Le *sot kil* peut se donner aussi de bas en haut, souvent pour le coup de poing en revers aux parties non pas ici avec le revers du poing mais bel et bien avec le dessous du poing. On l'appelle aussi le « *reverse bottom fist* ».

Le *sot kil* se donne du bras avant comme du bras arrière et peut s'exécuter latéralement ou diagonalement.

Cible : la nuque, le cou, la tempe, le dessus de la tête et les parties génitales.

14- *Jik chung chuie* ou *straight vertical fist / straight blast*

Le *jik chung chuie* est un enchaînement de coups de poing verticaux qui se donnent en succession très rapide dans un mouvement elliptique avec pression en avant et avec tout le poids du corps derrière chaque frappe. L'objectif est de submerger de coups l'adversaire, jusqu'à ce qu'il y ait une

*Le jeune Bruce Lee en pantalon
de pyjama pratique la série de coups
de poing directs (*jik chung chuie*).*

ouverture pour conclure ; si celui-ci bloque ou pare plus ou moins les coups, il donne alors la possibilité d'utiliser des saisies. Le *jik chung chuie* s'accompagne automatiquement d'une succession de *steps and slides* pour permettre de garder la pression sur l'adversaire. Le coup de genou est particulièrement idéal pour compléter ce genre d'attaque.

B) FRAPPES AVEC L'AVANT-BRAS (FOOK DA)

AVEC L'INTÉRIEUR DE L'AVANT-BRAS

L'intérieur et l'extérieur de l'avant-bras sont utilisés en distance de corps à corps pour frapper l'adversaire sur le cou ou au visage lorsque nous sommes trop près pour frapper avec le poing. Il s'utilise parfois pour achever de le faire tomber. On peut aussi dans certain cas le substituer au coup de poing en marteau lorsque l'adversaire se baisse pour éviter l'attaque au poing par exemple, et lorsqu'il est encore une fois trop près de vous. L'avant-bras est utilisé également pour arrêter dans son élan un adversaire qui se rue sur vous pour vous attraper aux jambes par exemple[1]. Dans ce cas, le coup est beaucoup moins armé mais très sec, utilisant l'intérieur de l'avant-bras pour frapper le cou ou les trapèzes.

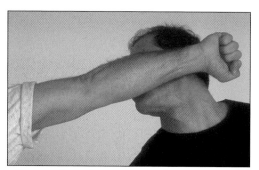

AVEC L'EXTÉRIEUR DE L'AVANT-BRAS

Cible : la tête, le cou et les trapèzes.

C) COUPS DE COUDE (JANG DA)

Les coups de coude se donnent en distance rapprochée au visage comme au corps, du bras avant comme du bras arrière et sous une multitude d'angles. Ils peuvent se donner debout comme au sol.

---

1. Voir au chapitre 25 techniques d'arrêt sur prise de jambe

Quelques-uns des coups de coude de base en jun fan JKD :

1- Le coup de coude horizontal en avant

2- Le coup de coude en diagonal en avant

3- Le coup de coude vertical en remontant (**PHOTO 1**)

4- Le coup de coude vertical en descendant

5- Le coup de coude en revers (**PHOTO 2**)

6- Le coup de coude en tournant

7- Le coup de coude en sautant

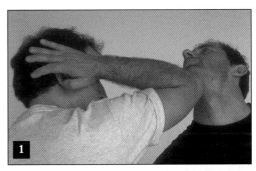

Les trois premiers de la série se combinent particulièrement bien avec toutes les saisies (HIA) mais également avec tous les enchaînements de poing (ABC)[1].

Cible : la tête et le corps.

D) COUPS D'ÉPAULE (PHOTO 3)

Ils peuvent être utilisés lorsque l'on est au corps à corps, pour frapper ou déséquilibrer l'adversaire, en passant à l'intérieur ou sous sa garde.

E) COUPS DE TÊTE (JONG TAO)

Utilisés pour l'attaque comme pour la défense, les coups de la tête frappent en distance de corps à corps, sur la partie frontale ou latérale de la tête

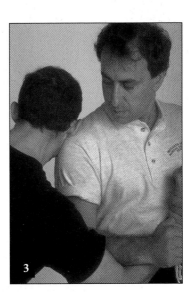

---

1. Voir au chapitre 9 les cinq façons d'attaquer en JKD (section ABC et HIA).

COUP DE TÊTE EN AVANT

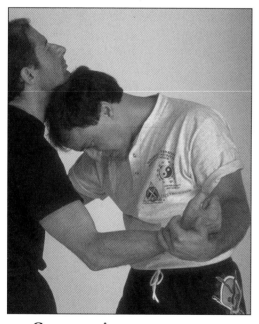

COUP DE TÊTE EN REMONTANT

de l'adversaire, en particulier le nez et les pommettes. Relativement simples d'exécution mais cependant redoutables, les coups de la tête peuvent se donner :

1- En avant

2- À gauche

3- À droite

4- En arrière

5- En remontant

Les trois premiers coups de tête sont utilisés couramment de manière offensive, par exemple après avoir réussi une saisie des bras de l'adversaire, on enchaîne immédiatement avec l'un des trois coups selon que votre propre tête se retrouve en face ou sur l'un des deux côtés. Le quatrième, quant à lui, est plus utilisé pour la défense comme dans le cas où l'adversaire se trouve derrière vous et vous enserre comme un étau, vous exécutez un coup de tête en arrière.

DESCRIPTION DES ARMES DE LA PARTIE INFÉRIEURE

A) LES COUPS DE PIED

Les coups de pied ont plusieurs avantages distincts sur les coups de poing. Ils permettent grâce à la jambe qui est plus longue que le bras de donner des coups en attaque comme en défense dans un rayon plus grand tout en restant dans un périmètre plus ou moins sécurisant. Ils sont aussi dans l'ensemble générateur d'une puissance beaucoup plus grande que les coups de poing. De plus, en jeet kune do comme en boxe française, et contrairement à la plupart des systèmes d'arts martiaux traditionnels, le port de la chaussure confère à celui qui porte les coups une protection supplémentaire qui diminue le risque de se blesser le pied à l'impact.

Bruce pose pour la couverture de Black belt *de septembre 1971 qui aura pour titre « Bruce Lee balaie tout sur son passage ».*

Cependant, il est très important que tous les coups de pied soient donnés de manière précise, économique, toujours en protection, car un coup de pied mal donné fournira à l'adversaire une opportunité de vous contrer. Un contre du droit sur un coup de pied donné trop près par exemple aura des conséquences fâcheuses. Il est donc impératif d'être conscient des distances et de toujours donner le coup de pied approprié à la circonstance.

Quelques-unes des erreurs les plus communes faites par les débutants :

- donner des coups de pieds en étant hors distance ;

- initier un combat avec des coups tournants (trop lents et dangereux) ;

- être hors distance sur un premier coup et continuer cependant avec un second, ou même utiliser un coup tournant. Si le premier coup échoue, il faut d'abord se replacer à bonne distance avant de poursuivre ;

- laisser la jambe d'attaque tomber en avant après l'impact. À moins que l'on ait décidé d'enchaîner avec d'autres techniques de pieds ou d'entrer avec les mains, il faut revenir à sa garde de départ ou utiliser une des techniques de *footwork* (tel que le *pendulum*) pour s'éloigner de son adversaire afin de pouvoir retourner immédiatement et sans risque à sa position de garde initiale, celle qui vous permet d'être assez loin de lui pour avoir le temps de le contrer avec un coup d'arrêt s'il avance vers vous ;

- croiser la jambe arrière pour frapper avec la jambe avant. Sauf dans certains cas pour gagner la distance, un coup de la jambe avant doit partir directement de la jambe avant et dans la mesure du possible sans appel. Tous les coups de pied en jun fan JKD doivent être efficaces, économiques, rapides, puissants et surtout non-télégraphiés ;

- donner des coups de pieds avec la garde baissée. Il faut le plus possible conserver sa garde, en attaque comme en défense.

Ces quelques conseils sont valables pour tous les coups de pied.

Analysons maintenant les différents coups de pied de base du jun fan kick-boxing.

1- *O'ou tek* ou *hook kick*
(Le coup de pied circulaire de la jambe avant)

Bien que plusieurs styles de combat comme le kick-boxing appellent également ce coup de pied le « *roundhouse kick* », le coup de pied circulaire tel que Bruce Lee le pratiquait et l'enseignait était plus apparenté à un fouetté jambe avant de boxe française-savate qu'à n'importe quel autre style. En effet, dans ses notes, Lee recommande que le coup de pied circulaire de la jambe avant parte directement du sol vers la cible, sans appel, en revenant dans la position réarmée le plus vite possible, et que le coup lui-même soit donné de la manière la plus détendue avec *timing* et précision.

Bruce pratique le o'ou tek avec Inosanto sur une plage à Malibu.

A PARTIR DE LA GARDE

FRAPPE SANS APPEL

Le *o'ou tek* se donne de la jambe avant comme de la jambe arrière. C'est un coup de pied qui arrive latéralement ou diagonalement tel que le crochet, d'où son nom de *hook kick*[1]. Il est le plus rapide des coups de pied dans l'arsenal du JKD. Il est plus redoutable lorsque l'adversaire est dans la même garde que vous puisqu'il vous offre plus de possibilités de cibles. Le *o'ou tek* frappe surtout la jambe avant de l'adversaire au niveau du genou ou dans l'aine pour le déstabiliser et se rapprocher pour utiliser les poings. On l'utilise aussi pour ouvrir sa garde ou le frapper sur les côtés du corps lorsqu'il lève les bras pour frapper du poing.

Le *o'ou tek* jambe avant (prononcer *now tèk*) est un mouvement explosif qui doit donc être rapide du début à la fin, le corps entier participant au coup et non la jambe seule. La puissance provient du mouvement de rotation de la hanche et du rebond au moment de l'impact. Le coup de pied circulaire ne doit jamais être balancé au point de se retrouver en déséquilibre, ni délivré trop large pour éviter de télégraphier son coup et de se faire contrer avec des coups d'arrêt. Personnellement, je considère que le *o'ou tek* de la jambe avant est aux

---

1. *Dans son* Tao of Jeet Kune Do, *Bruce nomme le coup de pied circulaire le hook kick (coup de pied en crochet).*

coups de pied ce que le *jab* du bras avant est aux coups de poing, tant il est utilisé en jun fan JKD comme en savate pour harceler l'adversaire.

Lors des entraînements et pour des raisons évidentes de sécurité, les cibles sont toutes les parties du corps, exceptées les parties génitales. Mais il va sans dire qu'elles restent la cible principale en JKD lorsqu'il s'agit d'un véritable combat.

Le *o'ou tek* jambe avant peut se donner avec :
- La pointe du pied en extension **(PHOTO 1)**
- Le dessus du pied **(PHOTO 2)**
- Le bas ou le haut du tibia, selon la distance **(PHOTO 3)**

Selon Dan Inosanto, Bruce Lee utilisait sa jambe avant de la même manière qu'en boxe française et sa jambe arrière comme en muay thaï, c'est-à-dire qu'il faisait lui-même le plus souvent usage de ses tibias lorsqu'il frappait de la jambe arrière, et utilisait son pied pour des attaques de la jambe avant. Lorsqu'il utilisait ce coup de pied, Bruce frappait selon les cibles, tantôt avec le dessus du pied, tantôt avec la pointe de la chaussure sur des cibles telles que les parties génitales, le corps ou l'intérieur de la cuisse. Il contrait également les *low kicks* jambe avant ou arrière avec cette même technique, ce qui demande un *timing* et une précision excep-tionnelle.

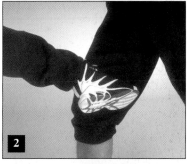

Cibles : haute, médiane et basse.

NOTE : Durant l'exécution du coup de pied circulaire comme pour toutes les autres formes de coups de pied que nous verrons, les mains doivent être gardées le plus possible en protection du visage et du corps.

2- *Vertical snap hook kick*
(Le coup de pied fouetté vertical de la jambe avant)

C'est un coup de pied qui part au niveau du genou et dans un plan vertical de manière fouetté. Il est donc souvent accompagné d'un déplacement (*pendulum* ou *slide and step*[1]) pour gagner la distance et la vitesse. Il vise presque exclusivement les parties génitales ou la rotule d'un genou trop

JIK TEK A PARTIR DE LA GARDE

avancé. Dans certains cas il peut frapper avec la pointe du pied le poignet de la main avant de l'adversaire quand celle-ci se retrouve trop bas. C'est un coup de pied qui permet de vite rentrer aux poings ou en saisie.

Bien qu'un peu moins rapide et plus court, le coup de pied fouetté vertical jambe arrière se donne également dans les mêmes conditions que pour la jambe avant.

Cibles : basse (parties génitales, la rotule avant).

3- *Jik tek* ou *lead straight kick*
(Le coup de pied direct)

C'est un coup de pied similaire au précédent, mais qui part avec le genou armé au niveau de la hanche plutôt qu'au niveau du genou. Il est donc moins balancé que le précédent mais le mouvement nécessaire de la hanche en avant le rend beaucoup plus puissant. Le *jik tek* comme le coup de pied précédent part lui aussi du sol vers la cible dans un plan vertical.

Le fait d'avoir le genou déjà levé donne la possibilité de frapper non seulement dans les parties génitales, mais également au

FRAPPE SANS APPEL

1. *Voir le chapitre sur les déplacements.*

AVEC LES PATTES D'OURS

corps (estomac, plexus solaire) et même dans certains cas au menton avec la pointe du pied. Le *jik tek* peut se donner avec le plat du pied, la pointe du pied et en crochetage. C'est un coup de pied relativement simple d'exécution, d'une efficacité bien connue, et qui peut se donner de la jambe avant comme de la jambe arrière. Redouté des adversaires, il est souvent utilisé pour des feintes[1].

Cibles : haute, médiane et basse.

Le *jik tek* comme le *hou jik tek* peuvent se donner :
- A partir de la garde **(PHOTO 1)**
- Avec la pointe du pied **(PHOTO 2)**
- Avec le plat du pied **(PHOTO 3)**
- En crochetant **(PHOTO 4)**

———————————

1. *Voir au chapitre 9 les cinq façons d'attaquer en JKD (section PIA).*

4- *Juk tek* ou *lead side kick*
(Le coup de pied de côté chassé de la jambe avant)

Le coup de pied de côté de la jambe avant est l'arme la plus longue de l'arsenal du jun fan kick-boxing ; elle était considérée par Bruce Lee comme la première arme à utiliser sur la cible la plus proche, c'est-à-dire le genou ou le tibia de la jambe avant de l'adversaire. Grâce à sa distance, le *juk tek* permet non seulement des attaques rapides et puissantes tout en restant éloigné de l'adversaire, mais également des défenses toutes aussi rapides et agressives.

Le *juk tek* permet des attaques dans les jambes, aux côtes, dans l'estomac ou le plexus solaire, également au visage. Cependant, la recherche de l'efficacité en jun fan JKD en courant le moins de risques possible conseille de rester confiné dans des attaques en ligne basse ou médiane. Le *juk tek* est le plus puissant des coups de pied en jun fan kick-boxing.

*Un coup de pied (*juk tek*) explosif de Bruce sur son partenaire
Dan Inosanto dans les studios du magazine* Black belt.

Le coup de pied de côté se donne en descendant pour tous les coups en jambe (tibia, genou et cuisse), horizontalement pour tous les coups au corps et en remontant pour les coups au visage. Les attaques peuvent être armées avant la frappe ou en jeté direct selon la circonstance et l'objectif. Il est indispensable cependant, dans un cas comme dans l'autre, qu'au moment de l'impact il y ait un rebond explosif qui donnera non seulement de la force au coup, mais qui permettra de revenir plus facilement dans sa garde initiale sans risquer de perdre l'équilibre en avant. Le *juk tek* doit être puissant et rapide, et plus encore que pour le *o'ou tek*, à une distance parfaite. En effet, avec le *o'ou tek* (à moins que vous ne soyez vraiment hors distance), si vous êtes soit un peu trop près ou un peu trop éloigné, vous pouvez toujours avoir recours à l'une des parties de votre jambe (pointe, dessus du pied, tibia) pour frapper. Par contre avec le *juk tek* vous n'avez pas

le droit à l'erreur, car seul le pied en flexion est utilisé pour ce coup. Si vous êtes trop près, il n'aura aucune puissance et vous risquerez les représailles ; si vous êtes trop loin, au mieux vous ne toucherez pas, au pire la puissance du coup peut vous blesser au genou (hyper extension). Le *juk tek* est, sauf pour le cas où il est utilisé en coup d'arrêt, très souvent accompagné d'un rebond, plus ou moins long selon la distance, pour ajouter de la force au coup et permettre de rebondir et revenir à sa garde initiale. Au moment de la frappe, le haut du corps est légèrement penché en arrière sans exagération pour l'équilibre et pour permettre à la hanche de sortir pour ajouter de la puissance. Si le corps est trop droit ou encore penché vers l'avant, le coup de pied de côté n'aura aucune puissance.

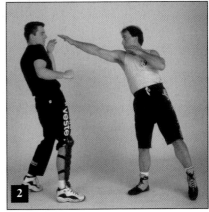

Pour le *juk tek*, les parties de la chaussure utilisées pour frapper sont le talon ou le milieu du pied.

- *Ha juk tek* avec la protection de hockey (**PHOTOS 1, 2, 3, 3 BIS**)

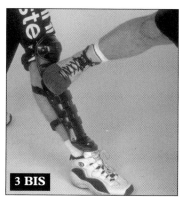

- Avec les pattes d'ours *hou juk tek* (*juk tek* jambe arrière)
- A partir de la garde (**PHOTO 4**)
- Frappe avec le talon (**PHOTO 5**)

Le *juk tek* peut se donner de la jambe avant comme de la jambe arrière.

Cibles : haute, médiane et basse

NOTE : Comme en boxe française l'entraînement en jun fan jeet kune do se fait toujours avec des chaussures aux pieds.

5- *Loy o'ou tek* ou *inside inverted hook kick* (Le coup de pied circulaire inversé)

Le coup de pied circulaire inversé de la jambe avant est un coup de pied qui se donne uniquement lorsque l'adversaire est en garde opposée à la vôtre. Si vous êtes en garde à droite et qu'il se trouve en garde à gauche, vous pouvez frapper avec le dessus du pied ou la pointe du pied à l'intérieur de la garde adverse dans un mouvement qui vient de l'intérieur vers l'extérieur.

Le mouvement est similaire au coup de pied circulaire, dans ce sens qu'il doit lui aussi être armé pour pouvoir être puissant. Le mouvement est fouetté et sec ; il doit revenir à son point de départ après l'impact, sans tomber en avant.

Le *loy o'ou tek* est un coup de pied qui nécessite une bonne souplesse de hanche, tout spécialement en ligne médiane lorsque l'on a décidé de frapper avec la pointe du pied. Le *loy o'ou tek* peut se donner de la jambe avant comme de la jambe arrière.

Cibles : - **En ligne basse : l'intérieur du genou, l'intérieur de la cuisse, les parties génitales.**
- **En ligne médiane (selon la souplesse de la hanche) : le creux de l'estomac, le plexus solaire.**

- À partir de la garde (**PHOTO 1**)
- *Hou loy o'ou tek* (**PHOTO 2**)

6- *Dum tek* ou *foot stomp* (Le coup de pied qui écrase)

Le *hou dum tek* est un coup de pied qui se donne de la jambe avant comme de la jambe arrière (*hou dum tek*), presque exclusivement avec le talon, comme si l'on voulait écraser la cible. Avant l'impact, le genou est relevé en position armée. Au moment de la frappe, la position du corps sera différente selon que l'on se trouve à distance de pied, de poing ou de saisie.

À distance de pied, le *dum tek* se donne avec les hanches de face, pour les coups au corps, sur la jambe avant, ou même le visage de l'adversaire.

Il est dans ce cas très similaire au *jik dum tek*, sauf qu'ici le coup de pied est beaucoup plus armé. Lorsque l'on frappe sur la jambe avant de l'adversaire, on peut avoir les hanches de face ou de trois quarts profil.

Lorsque l'on se trouve plus près de son adversaire, à distance de poing, de saisie ou même au corps au corps, le *dum tek* se donne le plus souvent alors avec les hanches de trois quarts profil, ce qui permet de ne pas se trouver en position de déséquillibre et d'obtenir un angle qui permet une frappe plus puissante.

À distance de poing ou de saisie, les frappes en *dum tek* se font presque exclusivement sur la jambe avant et parfois au creux de l'estomac de l'adversaire, le pied de frappe étant tourné vers l'extérieur ou l'intérieur selon que l'on utilise la jambe avant ou arrière.

Le *dum tek* s'utilise en attaque comme en défense. Une application classique du *dum tek* se trouve dans la parade du direct du bras avant ou arrière et après avoir saisi le bras de l'adversaire, on le tire vers soi tout en appliquant un *dum tek* sur la jambe avant.

Alors que l'on utilisera toujours dans la mesure du possible le talon pour frapper, surtout le pied et l'estomac de l'adversaire, on peut utiliser la plante du pied également pour des frappes sur sa cuisse ou son tibia. La frappe en *dum tek* sur la jambe avant est aussi utilisée pour le déséquilibrer ou le renverser en poussant sur sa jambe avant en même temps que l'on applique un *lop sao* par exemple.

Le *dum tek* est un coup de pied relativement simple et facile d'exécution, car il ne demande pas une souplesse particulière ; il peut surprendre l'adversaire par le seul fait qu'il reste encore très peu connu.

Cibles :   **- En ligne basse : le pied, le tibia, le genou, la cuisse.**
                 - En ligne médiane : l'estomac, le bas-ventre.
                 - En ligne haute : le visage.

- À partir de la garde **(PHOTO 1)**
- Parade du *jab* et arme de la jambe avant **(PHOTO 2)**
- Frappe avec le talon **(PHOTO 3)**

Avec les pattes d'ours *hou dum tek* (*dum tek* de la jambe arrière)
- À partir de la garde **(PHOTO A)**
- Arme de la jambe arrière **(PHOTO B)**
- Frappe avec le talon **(PHOTO C)**

7- *Jik dum tek* ou *straight stomp kick* (Coup de pied direct frontal)

C'est un coup de pied direct et frontal qui frappe avec le plat de la chaussure ou le talon sur toutes les parties du corps et qui, le plus souvent, est utilisé en coup d'arrêt. Le *jik dum tek* n'est que très peu ou pas armé, il utilise donc un mouvement des hanches en avant pour gagner la distance et augmenter la force à l'impact.

Cibles : — **En ligne basse : la jambe avant,**
les partics génitales.
— **En ligne médiane : le creux de l'estomac,**
le plexus solaire.
— **En ligne haute : la figure.**

- À partir de la garde, le *dum tek* (**PHOTO 1, 2**)

8- *Qua tek* ou *inverted crescent kick* (Le revers frontal)

Le *qua tek* est un coup de pied qui s'effectue dans un mouvement circulaire, de l'intérieur vers l'extérieur, avec la jambe tendue et les hanches de face. Le *qua tek* se donne avec soit le tranchant externe du pied en extension ou le dessus du pied selon la technique si l'on traverse la cible en la giflant dans le premier cas ou qu'on la frappe en rebond dans le second. Le *qua tek* peut aussi se donner dans certaines occasions de l'extérieur vers l'intérieur avec le tranchant interne du pied. Le *qua tek* se donne à distance de poing et sert à ouvrir la garde de l'adversaire ou le frapper au visage quand sa garde est basse. Le *qua tek* se donne de la jambe avant comme de la jambe arrière.

Cibles : — **En ligne haute : le visage**
— **En ligne médiane : l'abdomen**

- À partir de la garde, le *qua tek* (**PHOTO 1, 2, 3**)

- *Hou qua tek* avec les pattes d'ours
  (*qua tek* jambe arrière)

- À partir de la garde (**PHOTO A**)

- Décalage extérieur (**PHOTO B**)

- Frappe avec tranchant externe du pied (**PHOTO C**)

Sur la photo ci-dessous, Bruce montre une technique de coup de pied très rapprochée. Il s'agit en fait d'une autre variation de revers frontal mais qui se donne de l'extérieur vers l'intérieur et qui frappe avec l'intérieur du pied. On peut l'utiliser pour dévier une attaque au poing ou au pied ou, pour les plus souples, au visage quand à cette distance l'adversaire n'attend pas de coups de pied pouvant l'atteindre au visage.

9- *So tek* ou *heel hook kick* (Le revers latéral)

Le *so tek* est un coup de pied qui se donne comme le précédent de l'in-
térieur vers l'extérieur et qui utilise le talon ou le plat du pied pour frapper. Il s'arme comme un chassé, c'est-à-dire en préparation avec le genou levé mais vient frapper en revers derrière la garde de votre adversaire en prenant le même chemin, en quelque sorte, que le revers de poing. Le *so tek* est un coup qui se donne presque essentielle-ment de la jambe avant, mais contrairement au coup de pied précédent les hanches sont de pro-fil. Cependant sa grande amplitude et l'obliga-tion d'armer le coup avant la frappe met celui qui le délivre en position vulnérable pendant un court instant qui peut être rapidement exploité par l'adversaire. Vous devez par conséquent être capable de trouver rapidement une solution à mi-chemin et changer de technique si nécessaire ou revenir très vite à votre garde de prédilection.

Le *so tek* peut se donner de la jambe avant comme de la jambe arrière.

Cibles : le visage

- À partir de la garde, le *so tek*
  (**PHOTO 1, 2, 3, 4**)

10- *Hou tek* ou *back kick*
(Le coup de pied en arrière)

C'est un coup de pied destiné à frapper un adversaire qui se trouve derrière vous. Il frappe avec le talon dans la même position que le coup de pied de côté ou avec la pointe du pied vers le sol. L'attaque part directement du sol vers la cible sans armer préalablement le coup. On peut le donner selon la distance de la jambe arrière ou de la jambe avant.

11- *Jeet tek* ou *intercepting / stop kick*
(Coup de pied d'arrêt)[1]

---

1. *Voir au chapitre 7 les coups d'arrêt.*

LES DIFFÉRENTES PARTIES DU PIED
UTILISÉES POUR LES COUPS DE PIED

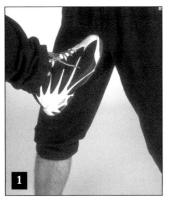

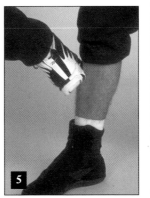

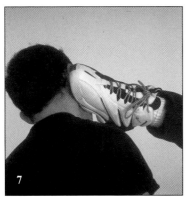

Légendes des coups de pied :
1. pointe du pied
2. dessus du pied
3. talon
4. plante du pied
5. tranche externe
6. revers du talon
7. semelle
8. tibia

B) LES COUPS DE GENOU (SUT DA)

Les coups de genou servent à l'attaque comme à la défense, de la jambe avant ou de la jambe arrière. Ils peuvent être utilisés seuls, durant un enchaînement ou comme coup final. Ils peuvent se donner de plusieurs façons :

- En coup droit horizontal

Par exemple, après la parade du *cross* avec les deux mains, en plongeant tout droit avec le genou dans l'estomac ou le plexus de l'adversaire.

- En remontant (vertical)

Après avoir saisi le cou de l'adversaire, ou contre un adversaire qui esquive en baissant la tête en avant ou qui tente de vous renverser.

- En descendant (diagonal)

Sur la jambe avant de l'adversaire après une saisie ou lorsqu'il se renferme sur lui-même.

- En frappant de côté (latéral)

Lorsque l'on est aux prises en corps à corps avec son adversaire.

- En retombant

Après avoir projeté l'adversaire au sol, on l'accompagne avec un coup de genou au corps en retombant.

*C'est entre autres dans la pièce principale de son appartement
à West Los Angeles que Bruce dispensa un grand nombre
de cours privés à Dan Inosanto.*

CHAPITRE 6

LES COUPS DE PIED RETOURNÉS
(JUEN TEK OU SPINNING KICKS)

Certains des coups de pied que nous venons d'étudier peuvent se donner en tournant et en utilisant la jambe arrière. Bien que l'on ne puisse jamais être sûr à 100% de la réussite des coups tournants, il faut les exécuter à bon escient en se persuadant de leur réussite. Ils doivent être donnés de la manière la plus économique possible comme pour les autres coups en gardant bien à l'esprit que, lorsque l'on tourne le dos à l'adversaire, on reste vulnérable pendant un court instant. C'est le moment où il peut au pire contre-attaquer, au mieux se déplacer. Il faut donc ne jamais le quitter des yeux pendant tout le mouvement, pour parer son attaque si nécessaire ou pour éviter de frapper dans le vide.

Les coups tournants latéraux sont plus faciles à saisir par votre adversaire que les coups de pied de côté tournants. Il faut donc se rétracter le plus vite possible afin de lui enlever cette possibilité et de se préparer pour le ou les coups suivants.

Bien qu'ils soient beaucoup plus nombreux, les plus utilisés et les plus « simples » des coups de pied tournants en jun fan kick-boxing sont les suivants.

1- *Juen juk tek* ou *spinning side kick*
(Le coup de pied de côté en tournant)

C'est un coup de pied très puissant qui se donne à partir de la garde avec la jambe arrière et qui peut frapper dans les trois lignes. Il peut se donner sans déplacement des appuis ou en croisant la jambe devant la jambe arrière pour faciliter la rotation ; dans le deuxième cas, il est préférable de cacher ce déplacement avec une feinte du bras avant. Lors de la

rotation, la tête doit tourner rapidement pour retrouver la cible et éviter de perdre l'équilibre. Le poids du corps est transféré sur la jambe de support qui doit être solide. Pour tous les coups en ligne haute et médiane, il faut garder sa jambe de support bien droite et avoir toujours une bonne garde, avant, pendant et après l'exécution du *juen juk tek*.

Le coup de pied lui-même se donne exactement de la même manière que le *juk tek*, avec la hanche de profil bien engagée pour atteindre la cible et pouvoir frapper en ligne droite avec force et rebondir. Cependant, le retour à la garde est crucial, et deux solutions s'offrent à vous. Si votre coup a touché avec succès, le rebond devrait vous permettre de revenir directement à la garde initiale, ; dans le deuxième cas, si vous n'avez pu rebondir sur la cible, ou que votre adversaire a reculé ou encore paré votre attaque, vous pouvez revenir très rapidement en garde inversée, mais en utilisant le *pendulum* pour vous retrouver assez loin de son rayon d'attaque, et ensuite reprendre votre garde de prédilection si tel est votre souhait. Il faut dans tous les cas ne pas « retomber » sur sa jambe avant pour éviter son contre.

Cibles :   **- En ligne haute : le visage et le cou**
- En ligne médiane : le devant
et les côtés du corps
- En ligne basse : la jambe avant
(genou et cuisse) et les parties génitales

- À partir de la garde, le *juen juk tek* (**PHOTOS 1, 2, 3, 4**)

Bruce exécute un juen juk tek *dans les parties de son adversaire (Bob Wall) et un* juen so tek *au visage d'un des figurants d'*Opération dragon.

2- *Juen so tek* ou *spinning heel hook kick* (Revers latéral tournant)

Les principes de rotation sont les mêmes que pour le *juen juk tek*. Il y a cependant comme en boxe française trois façons de donner le revers latéral tournant qui sont :

a) Frappe avec la jambe raide du début de la rotation jusqu'au retour en garde.

b) Frappe avec la jambe raide et revenir en position groupé juste après la frappe.

c) Grouper le genou sur la cuisse avant la frappe et revenir dans la même position avant de reprendre sa garde.

En jun fan le talon ou la semelle du pied en extension peuvent être utilisés pour la frappe ; cependant, il faut bien réaliser que la frappe avec le talon, bien que beaucoup plus puissante, est aussi beaucoup plus courte. Les deux nécessitent donc un ajustement des distances, qui peut se faire au départ, ou juste avant l'impact en utilisant le pied d'appui et/ou la hanche.

Le retour en garde se fait de la même manière que pour le *juen juk tek*.

Cibles :   **- En ligne haute : la tête.**
                     - En ligne médiane : toutes les parties du corps.
                     - En ligne basse : toute la jambe avant et la jambe de support (balayages).

Juen so tek avec les pattes d'ours
- À partir de la garde **(PHOTO 1)**
- Décalage intérieur **(PHOTO 2)**
- Frappe avec le talon **(PHOTO 3)**

3- *Juen qua tek* ou *spinning crescent kick* (Revers frontal tournant)

Les principes de rotation et le retour en garde sont les mêmes que pour le *juen so tek*. La différence majeure réside dans le fait que le *juen qua tek* utilise la tranche externe du pied pour frapper avec les hanches de face, donc le coup est donné plus près, à distance de poing. Il est donc très important d'avoir une bonne garde. Le *juen qua tek* vise presque exclusivement le visage ou frappe avec puissance dans la garde de l'adversaire pour la lui faire baisser. Il s'attaque aussi à la ligne médiane lorsque celle-ci est ouverte.

CHAPITRE 7

LES COUPS D'ARRÊT

Bruce exécute un parfait coup d'arrêt en juk tek *de la jambe avant sur son partenaire d'entraînement.*

Les coups d'arrêt (*jeet da*) sont des coups de poing ou de pied offensifs ou défensifs destinés à arrêter l'adversaire dans son élan lorsqu'il s'avance vers vous, ou lorsqu'il initie une attaque trop ample, en négligeant de se protéger correctement. L'angle d'attaque final doit être anticipé. Il est souvent nécessaire lors de l'exécution d'un coup d'arrêt de s'avancer vers l'adversaire en utilisant son jeu de jambe et ses déplacements pour gagner la distance, et surtout ne pas perdre le *timing* qui doit, comme la distance, être parfait. Bien que l'adversaire ait commencé le premier son attaque, vous devez être celui qui arrive avant. Ici réside un des éléments clés du jun fan JKD, d'où son nom « *jeet kune do* » : « la voie du poing qui intercepte ».

Les coups d'arrêt ayant pour fonction d'arrêter une attaque qui a déjà commencé, ils se font, mis à part quelques exceptions, quasiment toujours du bras avant ou de la jambe avant.

Un coup d'arrêt peut se faire en fermant la ligne que l'adversaire a l'intention d'utiliser. Par exemple : vous utilisez un *jeet dum tek* (coup d'arrêt au corps de la jambe avant) sur son *ha hou o'ou tek* (coup de pied circulaire en ligne basse de la jambe arrière).

Une autre façon consiste a éviter son attaque en utilisant une esquive ou en se décalant avant d'utiliser le coup d'arrêt approprié pendant qu'il exécute son attaque.

Les coups d'arrêt, même s'ils ne permettent pas toujours de terminer le combat, restent néanmoins des « armes psychologiques » qui peuvent démoraliser votre adversaire, surtout lorsqu'elles sont répétées à plusieurs reprises.

VOICI QUELQUES-UNS DES COUPS DE PIEDS D'ARRÊT *(JEET TEK)* UTILISÉS EN JUN FAN JEET KUNE DO KICK-BOXING :

- A partir de la garde, le *jeet tek*

1- *Hou jeet tek* (*back stop kick*). Coup d'arrêt qui se donne avec le coup de pied de côté et avec le talon, directement de la jambe arrière, habituellement sur un adversaire qui arrive derrière vous.

2- *Jik jeet tek* (*straight stop kick*). C'est le fameux coup de pied direct aux parties génitales utilisé ici comme coup d'arrêt.

3- *O'ou jeet tek* (*hook stop kick*). Coup d'arrêt en coup de pied circulaire qui frappe avec la pointe de la chaussure au corps ou en jambe. C'est un coup d'arrêt qui demande à celui qui l'utilise de posséder une parfaite notion des distances.

4- *Jeet dum tek* (*straight stomp kick*). C'est un coup de pied en chassé frontal des plus simples, qui a pour but d'empêcher l'adversaire de finir son attaque. Le *jeet dum tek* peut donc frapper toutes les parties du corps, avec une préférence pour les parties basse et médiane. On peut donc utiliser le *jeet dum tek* de la jambe avant pour intercepter l'adversaire avec une frappe au corps, ou de la même manière sur sa jambe avant ou arrière.

5- *Juk jeet tek* (*side stop kick*). Même principe que pour le *jeet dum* *tek* sauf qu'ici l'attaque se donne de profil et de préférence avec le talon.

6- *Hou dum tek (rear leg stomp kick)*. Le coup de pied oblique de la jambe arrière est utilisé en coup d'arrêt avec le talon (le pied en extension vers l'extérieur) contre le *o'ou tek* jambe avant en ligne basse de l'adversaire.

7- *Ha pak tek (low straight stop kick)*. Coup de pied similaire au précédent mais dont le coup n'est pas armé, la jambe arrière reste raide et frappe avec le plat du pied sur l'arête du tibia. Il est également utilisé contre les *low kicks (o'ou tek)* de la jambe avant.

8- *Jeet tek (foot obstruction, stop kick)* (PHOTO 1). Le *jeet tek* s'utilise en attaque comme en défense et frappe de la jambe avant avec le tranchant externe de la chaussure sur l'arête du tibia pour faire obstruction. Il peut se donner contre une attaque du poing ou du pied. C'est un coup de pied qui est très utilisé en jun fan jeet kune do, et particulièrement pour des attaques du style FIA, avant de pénétrer la garde de l'adversaire en utilisant des saisies.

Bruce montre ses talents sur un plateau de télévision à Hong-Kong.
Derrière lui se trouve Bob Baker, son élève aux États-Unis
qui sera son garde du corps à Hong-Kong. C'est lui qui jouera
le rôle de l'artiste martial russe dans La Fureur de vaincre.

Comme nous l'avons vu plus haut, les coups de poing peuvent aussi être utilisés pour des coups d'arrêt, les plus communs étant le *chung chuie* et bien sûr le *biu jee*. Dans la plupart des systèmes, on favorise les blocages de la jambe contre les coups de pied en ligne basse avant de riposter. Bruce, lui, grâce à sa rapidité phénoménale, favorisait le coup d'arrêt avec un *biu jee*. Cependant, pratiquement personne n'a cette qualité qui lui était propre. Les coups d'arrêt de la jambe avant restent donc pour la plupart d'entre nous la meilleure option.

1- *Chung chuie (lead straight punch)* du bras avant. Cette technique peut être utilisée contre une attaque du poing de l'adversaire, mais également contre ses techniques de pied.

2- *Biu jee (finger jab)* du bras avant. Même chose que pour le précédent, mais dont l'objectif est de frapper directement dans les yeux avec la pointe des doigts.

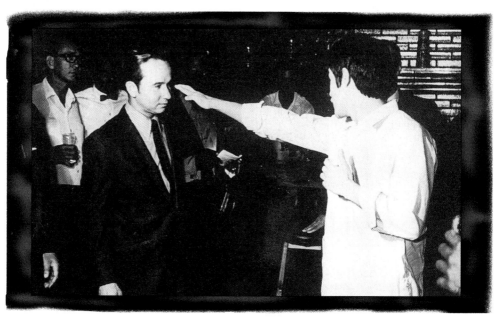

Bruce montre à un reporter l'efficacité du biu jee *lors de son voyage en République dominicaine. Bruce avait la réputation d'avoir une allonge remarquable en plus d'une vitesse hors du commun.*

CHAPITRE 8

LES ENCHAÎNEMENTS DE COUPS DE PIED DU JUN FAN

Bruce pratique ses coups de pied sur son partenaire de combat, James Tien, entre deux prises du Jeu de la mort.

Quoiqu'il existe une myriade d'autres techniques de pieds en jun fan jeet kune do, ceux que nous venons d'étudier sont les principaux coups de pieds de base que tout élève en jun fan kick-boxing se doit de connaître. À ses début, Bruce avait établi des « séries » ou enchaînements de coups de pied pour parfaire les formes et l'équilibre, enchaînements qui pourraient s'apparenter, chacun selon sa grille de perception, à des katas. Voici une de ces séries :

- À partir de la garde à droite, avancée du pied arrière et...

1- *jik tek* de la jambe droite en ligne haute, pose du pied en avant ;

2- *jik tek* de la jambe gauche en ligne haute, pose du pied en avant ;

3- *juk tek* de la jambe droite en ligne haute, pose du pied en avant ;

4- *juk tek* de la jambe gauche en ligne haute, pose du pied en avant ;

5- *hou tek* (coup de pied en arrière) de la jambe droite,
pose du pied en avant ;

6- *hou tek* de la jambe gauche, pose du pied en avant
(on a donc fait un demi-tour) ;

7- avancée du pied droit et *o'ou tek* en ligne haute de la jambe gauche,
ramener la jambe en arrière ;

8- avancée du pied gauche et *o'ou tek* en ligne haute de la jambe droite,
pose du pied en avant ;

9- *biu gee* de la main droite et *juen juk tek* de la jambe gauche,
pose du pied en avant ;

10- *biu gee* de la main gauche et *juen juk tek* de la jambe droite,
pose du pied en avant ;

11- *jik tek* de la jambe gauche en ligne haute, sans poser *juk tek* en ligne
haute et à 90 degrés à gauche et reposer la jambe en avant à 90 degrés ;

12- *jik tek* de la jambe droite en ligne haute, sans poser *juk tek* en ligne
haute et à 90 degrés à droite et reposer la jambe en avant à 90 degrés ;

13- demi-tour et *juk tek* en ligne basse de la jambe droite (jambe avant),
sans poser *juk tek* en ligne haute, poser la jambe en avant ;

14- demi-tour à gauche et *juk tek* en ligne basse de la jambe gauche,
sans poser *juk tek* en ligne haute, poser la jambe devant ;

15- demi-tour à droite et *juk tek* en ligne basse de la jambe droite,
sans poser, *o'ou tek* en ligne haute, pose du pied en avant ;

16- demi-tour à gauche, *juk tek* en ligne basse de la jambe gauche,
sans poser, *o'ou tek* en ligne haute, pose du pied en avant ;

17- demi-tour à droite et *o'ou tek* en ligne basse de la jambe droite,
sans poser, *so tek* en ligne haute, pose du pied en avant ;

18- demi-tour à gauche et *o'ou tek* en ligne basse de la jambe gauche,
sans poser, *so tek* en ligne haute.

À la vue d'un tel exercice, certains peuvent en toute légitimité se demander si Bruce Lee n'était pas viscéralement iconoclaste. Il existe un malentendu au sujet des pratiquants de jun fan jeet kune do qui seraient, selon certains, contre toutes les formes classiques. En réalité, rien n'est plus faux. Bruce lui-même dans deux de ses films fait étalage de ses talents dans les formes classiques. Selon Dan Inosanto, Bruce était parmi les meilleurs pratiquants de formes et katas qu'il lui ait été donné d'observer de toute son existence de pratiquant d'arts martiaux. « J'ai vu, dit-il, Bruce faire des katas de kung fu chinois classique avec beauté, précision et puissance. Je l'ai vu exécuter des formes du choy li fut, de la mante religieuse version du Nord et du Sud, de tai chi chuan, et différents styles qui emploient les coups de pied. Bruce savait apprécier à leur juste valeur les formes classiques, mais il avait dissocié cette partie de son entraînement martial... »

Bruce considérait plus les formes classiques telles que le wu shu comme une forme de gymnastique qui ne devait pas être prise comme un art martial de combat pur. Il constata que la plupart des instructeurs des années soixante mettaient tellement l'accent sur les formes, leurs apparentes complexités, qu'ils en perdaient de vue l'objectif principal : l'efficacité dans le combat. Il abandonna les formes classiques au profit de formes plus libérales.

Il faut savoir également que des éléments aussi important que le *timing*, le rythme et le temps de réaction à un stimulus et la sensibilité sont le plus souvent difficiles à développer à travers l'utilisation des formes ou des katas, parce qu'on a besoin d'un opposant pour être efficace.

Aux formes classiques, Bruce en vint à préférer le *shadow boxing* où il pouvait laisser libre cours à son imagination. Laissons encore une fois la parole à Dan Inosanto : « Bruce utilisait son imagination sur différents types d'agresseurs. Il utilisait cette pratique pour développer l'agilité, l'équilibre, la dextérité, l'économie de mouvement, la souplesse, la grâce, l'endurance, la puissance, la vitesse, l'imagination et la mobilité. Pour aider à développer l'identification des différents outils du corps et les lignes qu'ils peuvent emprunter... Bruce était passé au tout début de ses entraînements par les formes classiques. Je ne pense pas qu'il les dénigrait. Ce qu'il voulait dire, c'est que si vous vous en teniez à ces formes de combat codifiées sans vous adapter aux conditions mouvantes du combat réel, cette pratique se ferait au détriment de l'efficacité martiale. »

Les pratiquants du jun fan jeet kune do d'aujourd'hui pratiquent des formes variées qui proviennent de différentes disciplines telles que dans les arts martiaux philippins le penjak silat. Il existe en jun fan gung fu mais aussi en jeet kune do des séries prédéterminées au mannequin de bois (*mook jong*). Puis l'entraînement au mannequin se fait plus libre, car le pratiquant du jeet kune do n'est pas tenu d'apprendre par cœur des séries de mouvements mécaniques et codifiées.

L'usage des formes parfaites est nécessaire dans n'importe quelle forme d'expression corporelle et particulièrement dans les arts martiaux. Toutefois, tout en préparant au développement de la gestuelle et de la mécanique du corps au combat, elles doivent rester économiques et efficaces.

En 1973, Bruce rendit visite aux studios des frères Shaw où ils devaient discuter d'un contrat pour un film d'époque dont le titre eût dû être La Face du tigre jaune. Bruce essaiera pour l'occasion nombre de costumes d'époque et d'armes traditionnelles chinoises. Les magnifiques photos qui résultent de ces essais laissent à penser que ce film eût été remarquable. Bruce expliqua à un journaliste que faire un film de cape et d'épée chinois n'était pas incompatible avec le jeet kune do. Malheureusement Bruce est décédé avant que cela ne puisse se faire et c'est finalement Jimmy Wang Yu qui prit le rôle.

CHAPITRE 9

LES CINQ FAÇONS D'ATTAQUER
EN JEET KUNE DO

Malgré son jeune âge, Bruce Lee avait effectué des recherches intensives sa vie durant (il avait une collection de plus de 3000 livres et films super 8 sur les arts martiaux de toutes sortes ainsi que sur différentes philosophies).

Bruce en train de lire un livre sur la philosophie
chinoise devant une partie de sa vaste bibliothèque.

Après avoir étudié tous les styles et systèmes sur lesquels il avait pu mettre la main, en passant du pancrace au fleuret, Bruce fit une géniale découverte. Malgré les myriades de styles qui peuvent exister, il n'y a en fait qu'un nombre limité de façons d'initier une attaque. Il y en a cinq pour être exact. Les autres ne sont que des variations des cinq premières.

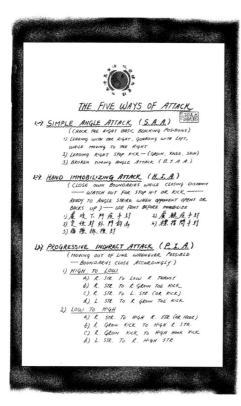
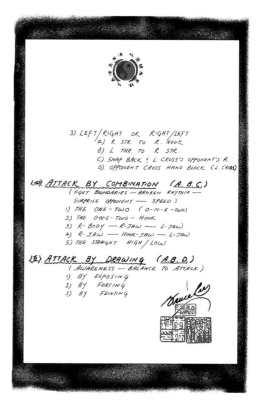

Notes originales de Bruce Lee.

Elles sont la façon la plus simple et la plus efficace de comprendre le combat. Bruce Lee les avait cataloguées de la manière suivante :

ABC : *Attack by combination* (Attaque enchaînée)
ABD : *Attack by drawing* (Attaque en leurrant)
HIA : *Hand immobilization attack* (Attaque en immobilisant la main)
PIA : *Progressive indirect attack* (Attaque progressive indirecte)
SDA or SAA : *Single direct or Angular attack* (Attaque simple directe ou angulaire)

La majorité des systèmes et styles de combat mettent l'accent sur une, deux, voire trois variations d'attaques. Assez curieusement toutefois, trois des styles les plus complets sont d'invention occidentale. Il s'agit de la boxe anglaise, de l'escrime et de la savate, qui eux ont quatre variations d'attaques, les saisies restant une des spécialités du wing chun et du jun fan. Néanmoins, certaines techniques FIA se retrouvent et s'utilisent en savate. Bruce les avait étudiées et pratiquées toutes les trois. Il lui arrivait fréquemment de mettre les gants et de tirer avec des boxeurs.

Il avait une collection impressionnante (une des plus grandes des États-Unis selon les experts) de films super 8 sur la boxe anglaise, non seulement sur les plus grands de sa génération, mais aussi d'antan. Selon Dan Inosanto, « Mohamed Ali était son favori, il adorait son jeu de jambe et son approche scientifique de la boxe ».

Quant à l'escrime, il y avait puisé intensément (son frère Peter était champion dans cette discipline). Un jour, Inosanto et Lee se retrouvèrent chez un fameux instructeur du corps de la Marine qui enseignait l'épée, le sabre et le fleuret. Bruce se mit à tirer et rivaliser haut la main avec le maître des lieux, sans masque ni autre protection. Stupéfait, l'instructeur se tourna vers Inosanto et lui dit que ce gars-là avait un avenir brillant et que, rien qu'avec ce qu'il savait, il était déjà parmi les cinq meilleurs du pays. Rien d'étonnant donc à ce que nombre de théories en escrime se retrouvent dans le jeet kune do.

Dessins originaux de Bruce Lee.

En ce qui concerne la savate, c'est Ed Parker, le père du kempo aux États-Unis, qui offrit à Bruce des films super 8 sur les champions du moment.

De ces deux arts que sont l'escrime et la boxe, Bruce a gardé le rythme, le *timing* et la direction. Bruce avait analysé, compris et absorbé ces différentes pratiques ; il les avait entièrement incluses dans sa théorie du jeet kune do. En jun fan jeet kune do, le principe fondamental est de pouvoir transiter d'un système à un autre de manière fluide et naturelle, tout en restant en harmonie avec la technique de l'adversaire, les cinq méthodes faisant partie d'un tout.

Les cinq façons d'attaquer en JKD sont pratiquement absentes du *Tao du jeet kune do*[1] qui fut publié en 1975 peu de temps après la mort de Lee. Et dans le livre *The Art and Philosophy of Bruce Lee* de Dan Inosanto publié en 1976, il n'y en a guère plus. En fait, la Kali Academy était encore plus ou moins secrète ; elle ne voulait pas vraiment divulguer l'art mystérieux du Petit Dragon. Ce sera en partie lorsque des charlatans commenceront à ouvrir des écoles en utilisant le nom de « jeet kune do » qu'elle acceptera de s'ouvrir au public pour éviter que celui-ci ne soit trompé par ces individus peu scrupuleux.

Nous allons maintenant voir plus en détail quelles sont les idées derrière chacune de ces méthodes d'attaques.

------

1. C'est « *tao du jeet kune* » *qu'il faudrait dire, « tao » et « do » voulant tous deux dire la même chose* (la voie).

CHAPITRE 10

ATTAQUE SIMPLE
DIRECTE OU ANGULAIRE

Dans ses notes originales, Bruce Lee explique les cinq façons d'attaquer dans le jeet kune do. La première est la SAA (*single angular attack*), l'attaque simple angulaire, et la deuxième est la SDA (*single direct attack*), l'attaque simple directe.

Comme leurs noms l'indiquent, l'attaque simple angulaire (SAA) et l'attaque simple directe (SDA) sont toutes les deux des attaques directes. Néanmoins, la différence est que, la cible n'étant pas toujours accessible pour une attaque directe, un décalage du corps est donc par moments nécessaire pour l'atteindre. Parfois une feinte est utilisée pour cacher un décalage qui permet d'avoir une meilleure ouverture dans la garde de l'adversaire. C'est ici que se trouve la différence entre la SDA et la SAA. Cela dit, elles partent toutes les deux du point A au point B en prenant la route la plus courte possible sans feinte, ni changement de trajectoire en cours de route.

Selon Dan Inosanto, ces deux attaques représentent la sophistication ultime du jeet kune do. En effet, pour Bruce Lee, tout dans l'arsenal du JKD doit être simple, direct et efficace, l'idéal étant de pouvoir se débarrasser d'un adversaire le plus économiquement possible, c'est-à-dire en utilisant le minimum de mouvements et d'énergie. Encore faut-il posséder les qualités et le talent qu'avait Bruce Lee, car, malgré leur extrême simplicité, ces attaques restent parmi les plus difficiles à exécuter avec succès. En effet, pour être efficace et pouvoir pénétrer la garde de l'adversaire avec un seul coup, il faut de la finesse, du *timing* et une grande vitesse d'exécution.

En jun fan jeet kune do, les attaques doivent être économiques et non télégraphiées. Il est donc logique que la plupart des attaques partent du bras et de la jambe avant. Bruce explique qu'il faut jauger les huit positions de base que peut prendre l'adversaire pour bloquer votre attaque.

Vous devriez placer votre main arrière en protection, et vous déplacer du côté de votre jambe avant (par exemple : à droite, si vous avez votre jambe droite devant). Un bon coup d'œil est nécessaire pour utiliser avec efficacité une attaque SDA or SAA. En effet, vous devez rapidement localiser la cible, juger quelle est la meilleure attaque possible et ensuite frapper vite, avec précision, tout en étant à la bonne distance. Si vous êtes trop loin, vous ne pourrez pas le toucher et vous aurez perdu de l'énergie pour rien. Si au contraire vous êtes trop près, vous donnez à votre adversaire une occasion de vous contrer. Il est donc impératif que vous ayez une garde parfaite, même si vous pensez être le meilleur.

La jambe avant sert à placer des coups d'arrêt (*jeet tek*) sur la tranche du tibia de votre adversaire, ou sur son genou, mais aussi des coups purement offensifs, tels que des coups de pied circulaires de la jambe avant (*o'ou tek*) ou circulaires inversés (*loy o'ou tek*) toujours sur sa jambe avant, sur son genou ou l'intérieur de la cuisse ou encore directement dans les parties en self-défense. Une des techniques les plus utilisées en SDA est le direct du bras avant avec la pointe des doigts (*biu jee*) aux yeux de l'adversaire, ou le direct au visage (*go da*) du bras avant. Un coup de coude (*jang da*) ou de genou (*sut da*) peut aussi être utilisé pour une attaque SDA.

1A

2A

Les attaques SDA ou SAA peuvent se faire dans les trois lignes, lorsque l'adversaire laisse un « trou » involontaire dans sa garde, lorsqu'il change de garde, ou encore après une de ses attaques lorsqu'il se remet en position de défense.

Ce que l'on doit garder constamment à l'esprit, c'est que quelle que soit la façon d'attaquer, que ce soit en utilisant la SDA ou la SAA, elles seront efficaces sur certains types d'adversaires et pas sur d'autres. Pour cette raison elles devront souvent être combinées avec les autres formes d'attaques que nous allons étudier plus loin.

• Technique SDA

- Salem et Dan Inosanto sont en garde **(PHOTO 1A)**.
- Dan attaque directement avec un *biu jee* du bras avant aux yeux de son adversaire **(PHOTO 2A)**.

• Technique SAA

- Salem et Dan Inosanto sont en garde **(PHOTO 1B)**.
- Dan se décale sur sa droite et attaque en même temps avec un *biu jee* du bras arrière aux yeux de son adversaire **(PHOTO 2B)**.

CHAPITRE 11

ATTAQUE EN IMMOBILISANT
LA MAIN

Nous allons aborder ici une autre méthode : ces fameuses saisies issues pour la plupart du wing chun, modifiées par Bruce Lee et que nous appelons HIA (*hand immobilization attack*), l'attaque pour immobiliser la main et son équivalent au pied : la FIA (*foot immobilization attack*), l'attaque pour immobiliser le pied.

Qui ne se souvient pas de la fameuse scène d'*Opération dragon* où Bruce Lee fait face à O'Hara (Bob Wall) ? En une fraction de seconde, Bruce lui envoie un revers de poing après lui avoir saisi le bras avant. Lorsqu'au bout de la troisième fois son adversaire lui bloque son poing revers, Bruce lui saisit le bras arrière (*lop sao*) et le frappe de nouveau avec un revers (*gua chuie*). Cette scène illustre parfaitement ce qu'est le principe de la HIA.

Dans ses notes, Bruce explique que ce principe permet de se « délimiter » tout en s'approchant plus près de son adversaire. Il faut toutefois se méfier des contres du poing ou du pied. Il suggère également d'utiliser des feintes afin de les rendre plus efficaces.

La saisie des membres de l'adversaire est une des techniques les plus difficiles en JFJKD. Les pratiquer sur un partenaire à l'entraînement est une chose, les placer sur une autre personne moins coopérative en est une autre. J'ai souvent entendu des personnes se plaindre de ne pouvoir réussir des saisies sur un boxeur par exemple. Il faut savoir quand et comment on peut placer une saisie, et cela demande comme tout le reste de la préparation[1]. Aussi, c'est uniquement avec un entraînement constant que l'on parviendra non seulement à les améliorer, mais à développer le bon *timing* pour parfaire leur efficacité.

Bruce était capable de saisir les deux bras de son adversaire et de frapper là où il le souhaitait sans que celui-ci ne puisse riposter. Les saisies sont des techniques offensives qui consistent à immobiliser le bras avant

---

1. *Pour plus de détails, voir les saisies au chapitre 15*

ou arrière (ou les deux) de l'adversaire ou encore chercher à immobiliser ses jambes (le plus souvent sa jambe avant). L'un des rôles principaux de la méthode HIA est d'empêcher l'adversaire de s'exprimer, que ce soit en lui immobilisant les bras ou en stoppant sa jambe avant.

Il existe en jun fan jeet kune do un exercice spécifique issue du wing chun et que l'on appelle *chi sao* (les mains collantes). Cet exercice d'entraînement à la sensibilité a pour finalité le développement de l'adresse et des connaissances en saisies. Bien qu'il ne soit pas nécessaire de connaître le *chi sao* pour exceller en jun fan kick-boxing, il est recommandé de l'avoir au moins essayé, vous récolterez les fruits de votre labeur si vous utilisez la méthode HIA.

La méthode HIA présente également le grand avantage de se combiner avec n'importe quelle autre façon d'attaquer en JFJKD. On peut très facilement passer de l'HIA à l'ABC, par exemple.

Afin de pouvoir utiliser n'importe quelle saisie, il doit bien évidemment y avoir contact avec le bras avant ou arrière de l'adversaire. Cette « attache » peut se faire de manière offensive ou défensive ; d'autres variations sont encore possibles.

La beauté de la technique HIA réside aussi dans le fait que l'on peut appliquer un certain nombre de suivis tels que des coups de genou, des coups de tête, des coups de coude ainsi que des mises au sol, des projections, sans oublier des clés de toutes sortes.

• **Technique HIA**

- Salem et
Dan Inosanto
sont en garde
(**PHOTO 1A**).

- Dan avance et capture le bras avant de Salem de sa main gauche et attaque simultanément avec un *biu jee* de la main droite **(PHOTO 2A).**
- Dan passe derrière le bras arrière de Salem
pour lui capturer les deux bras **(PHOTO 3A).**
- Dan frappe alors avec un *pak sao* et *biu jee*
de la main gauche **(PHOTO 4A).**
- Et finit avec la même technique de l'autre main **(PHOTO 5A).**

• Technique FIA.

- Dan Inosanto et Salem sont en garde **(PHOTO 1B)**.
- Aussitôt que Salem tente une avance, Dan l'arrête
avec un *juk tek* en ligne basse **(PHOTO 2B)**.
- Dan Inosanto continue d'avancer en utilisant *goang da*
avec un *biu jee* **(PHOTO 3B)**.
- Dan poursuit avec un coup de genou de la jambe droite **(PHOTO 4B)**.

- Puis il avance cette même jambe pour la placer derrière celle de son adversaire en le frappant dans le même temps avec son avant-bras pour le déséquilibrer **(PHOTO 5B)**.

- Dan amène son adversaire au sol où il pourra terminer avec une technique de son choix **(PHOTO 6B)**.

*Bruce Lee et Dan Inosanto à Hong-Kong posent
entre deux scènes de combat du* Jeu de la mort *en 1972.*

CHAPITRE 12

ATTAQUE PROGRESSIVE INDIRECTE

Les attaques progressives indirectes ou PIA (*progressive indirecte attack*) sont uniquement basées sur le travail des feintes. Face à un adversaire qui ne connaît rien aux arts martiaux, la plupart des attaques simples, si toutefois elles sont rapides, vont toucher leurs cibles. Mais devant un adversaire qui a l'expérience du combat, c'est une toute autre affaire. Si, de plus, celui-ci possède une garde compacte, ou encore s'il est rapide à bloquer et à parer vos attaques simples, telles que le direct du bras avant, le *biu jee*, ou n'importe quel coup de pied, on devra avoir recours aux feintes pour pouvoir le toucher. La méthode PIA a donc pour but de forcer ce type d'adversaire à chercher à bloquer ou parer l'attaque initiale (la feinte) et de créer une ouverture dont on saura tirer avantage.

La méthode PIA, tout comme la méthode ABC, utilise des attaques combinées, mais seulement de deux coups dans la majeure partie des cas et de trois coups maximum. La différence essentielle, c'est que, dans la méthode PIA, seul le dernier coup a pour but de toucher, la première partie du mouvement d'attaque n'ayant pour objectif que de raccourcir la distance entre vous et la cible. Même si la finalité est de donner un coup expéditif pour tenter de mettre KO votre adversaire, le pratiquant du jun fan jeet kune do sait qu'il sera obligé d'emprunter un autre chemin que la ligne directe pour parvenir à sa destination finale.

Voici un exemple simple et concret d'une technique PIA : vous donnez un *jab* ou direct du bras avant, et vous constatez que votre adversaire va « chercher » votre *jab*, vous l'avez remarqué à plusieurs reprises, vous redonnez votre *jab*, mais au moment où il avance sa main arrière pour aller à la rencontre de votre *jab*, vous contourner, sans arrêter votre mouvement, son bras arrière, et vous exécutez un crochet du bras avant au visage.

Dans les attaques PIA, le premier mouvement peut donc être une feinte ou une fausse attaque du pied ou du poing, destinée à faire baisser la garde de l'adversaire. L'attaque initiale qui vous a permis de rattraper la distance est avortée à mi-chemin et vous donne la possibilité de la trans-

former en une tout autre technique, le tout dans un flot continu et inin-
terrompu, car l'objectif est de toucher la cible avant que votre adversaire
n'ait eu le temps de se recouvrir.

Une technique PIA doit se réaliser en un seul temps et sans hésitation,
car, là encore, le *timing* doit être parfait, ainsi que la distance et la vitesse
d'exécution qui vous permet de partir du point A et d'arriver au point B
de la manière la plus rapide et la plus économique possible. La vitesse doit
être proportionnelle au temps de réaction de votre adversaire, et, à moins
d'une raison particulière, votre attaque doit emprunter le chemin alterna-
tif le plus court possible.

Il est primordial que vous anticipiez à l'avance le type de blocage ou de
parade que va utiliser votre adversaire afin de continuer votre action de la
manière la plus naturelle et la plus logique possible. Cependant, il est tout
aussi primordial qu'il ne puisse pas bloquer votre attaque initiale ou votre
feinte, car cela casserait le dynamisme de l'action ou risquerait de vous
déséquilibrer et vous exposerait à ses contre-attaques. Il faut donc lui
« vendre » la première attaque ou feinte comme étant une attaque franche.
Si vous n'êtes pas sûr de vous, il y a peu de chance que vous réussissiez,
mais si vous continuez le mouvement de manière progressive en alliant
vitesse et précision, bon *timing* et parfaite distance, vous avez toutes les
chances de réussir.

Entre les niveaux bas, médian et haut, les attaques progressives indirectes vous donnent une multitude de possibilités offensives :
1) Fausse attaque ou feinte basse pour finir en attaque basse ;
2) Fausse attaque ou feinte basse pour finir en attaque médiane ;
3) Fausse attaque ou feinte basse pour finir en attaque haute ;
4) Fausse attaque ou feinte médiane pour finir en attaque basse ;
5) Fausse attaque ou feinte médiane pour finir en attaque médiane ;
6) Fausse attaque ou feinte médiane pour finir en attaque haute ;
7) Fausse attaque ou feinte haute pour finir en attaque basse ;
8) Fausse attaque ou feinte haute pour finir en attaque médiane ;
9) Fausse attaque ou feinte haute pour finir en attaque haute.

Une attaque progressive indirecte peut se donner du bras ou de la jambe avant ou arrière, ce qui vous donne quatre possibilités supplémentaires ; elle peut démarrer de l'intérieur et se terminer sur l'extérieur et vice-versa. Toutes ces variations donnent à la méthode PIA un grand nombre de stratégies offensives. Lors de l'exécution d'une technique PIA, il est préférable dans la mesure du possible de sortir de la ligne d'attaque de l'adversaire afin d'éviter un contre toujours possible et de changer constamment les niveaux d'attaque afin d'optimiser l'effet de surprise.

Les techniques PIA utilisent des éléments d'HIA ou de FIA afin de raccourcir la distance et se complètent parfaitement avec la méthode ABC et HIA. Encore une fois, une technique PIA doit être prompte, harmonieuse et sans saccade. *Timing*, vitesse, distance, finesse et précision sont les clés de la réussite de toute technique PIA.

• Technique PIA.

- Dan et Salem sont en garde **(PHOTO 1).**
- Dan feinte *ha da* (frappe en ligne basse)
pour le forcer à baisser sa garde **(PHOTO 2).**

- Dan immédiatement feinte une fois encore en lançant un *biu jee* au visage **(PHOTO 3)**, pour terminer avec un coup de pied circulaire de la jambe avant aux parties **(PHOTO 4)**.

CHAPITRE 13

ATTAQUE AVEC ENCHAÎNEMENT

La méthode ABC (*attack by combination*) est certainement la plus connue et la plus utilisée des cinq façons d'attaquer, on la retrouve dans la plupart des systèmes de combat et notamment dans les sports dits de « percussion ». Relativement simple à exécuter et à enseigner, la méthode ABC consiste, comme son nom l'indique, à attaquer en utilisant des séries que l'on appelle des enchaînements ou encore des liaisons.

En effet, il est rare, à moins de frapper vite et fort à un endroit vulnérable, que l'on puisse se débarrasser d'un adversaire avec un seul coup. C'est là que les enchaînements sont utiles. Ils peuvent se constituer d'attaques aux poings comme par exemple le *jab cross*, ou le *cross hook cross*, ou d'attaques aux pieds comme *jik tek* jambe avant et *o'ou tek* jambe arrière, ou encore de liaisons pieds-poings ou poings-pieds. Donc, nous parlons de techniques ABC chaque fois que nous enchaînons plus d'un coup à la fois, et de préférence dans une séquence logique et naturelle.

L'objectif de la méthode ABC est d'enchaîner une série de mouvements de percussion afin de créer une ouverture dans la garde de l'adversaire pour pouvoir terminer sur un coup décisif, ou encore de livrer plusieurs fois le même enchaînement jusqu'à ce que l'adversaire soit « habitué » et lorsqu'il se sent capable d'éviter l'attaque vous changez votre enchaînement. Par exemple, vous le harcelez avec un enchaînement aussi simple que le double *jab*, puis soudain vous changez et lui donnez un direct du bras avant suivi d'un crochet du même bras au visage (*lead jab-lead high hook*).

Il est donc nécessaire de connaître plusieurs variantes de chaque enchaînement[1] comme le 1-2 (enchaînement gauche-droite) par exemple, et, quels que soient les enchaînements, de bien connaître les différentes routes et bien sûr être capable de changer de trajectoire pendant leurs exécutions. Les techniques ABC se marient donc parfaitement avec les techniques PIA mais aussi HIA. Les méthodes ABC servent à l'attaque, à la contre-attaque et à la défense.

---

1. *Voir les enchaînements de base au chapitre 10*

• Technique ABC

- Dan Inosanto et son adversaire sont en garde **(PHOTO 1)**.
- Dan attaque directement avec un *jab* **(PHOTO 2)**.
- Suivi d'un *cross* **(PHOTO 3)**.
- Puis d'un *uppercut* du bras avant **(PHOTO 4)**.
- Il termine son enchaînement avec un *o'ou tek* de la jambe avant aux parties. **(PHOTO 5)**

CHAPITRE 14

ATTAQUE EN LEURRANT

Cette autre méthode de combat qu'est l'ABD (*attack by drawing*), l'attaque en leurrant, s'utilise en attaque et en défense. Il s'agit en fait de tromper l'adversaire sur nos intentions afin de mieux le contrer. L'idée est, par exemple, de créer volontairement une ouverture dans notre garde pour l'appâter en quelque sorte afin qu'il « morde à l'hameçon » et passe à l'offensive, c'est alors qu'on utilise son attaque pour le contrer. L'ABD n'est en fait rien d'autre que l'art de la contre-attaque et de la feinte.

L'ABD est une méthode qui est très fréquemment utilisée en escrime et dans la plupart des systèmes de kick-boxing, et qui existe tout naturellement depuis toujours dans la boxe anglaise. Cependant, elle est extrêmement prisée et exploitée au maximum dans d'autres disciplines telles que la canne de combat française. On peut même trouver l'application de la méthode ABD dans le travail au sol comme le jiu-jitsu brésilien ou le shoot wrestling.

Étant donné que l'objectif est de tromper l'adversaire en rusant, et que l'action n'est pas un réflexe mais une « mise en scène », il est très important, si l'on veut que l'adversaire tombe dans le piège, qu'il y croit. Et pour ce faire, il faut y croire soi-même. Il y a donc plusieurs éléments importants à connaître. Tout d'abord, l'action doit être subtile et aussi naturelle que possible. Au moindre doute de la part de l'adversaire, au mieux elle ne marchera pas, au pire elle se retournera contre vous.

Il y a plusieurs façon de forcer l'adversaire à réagir :

1) On peut « inviter » l'adversaire à attaquer une cible exposée, comme par exemple baisser sa garde, ouvrir sa garde, exposer sa jambe avant, etc.

2) Utiliser des feintes pour créer une réaction de sa part.

3) Attaquer pour le forcer à réagir et le contrer en fonction de sa réaction.

Pour que n'importe quelle technique ABD réussisse, il faut être prêt à contrer immédiatement. Finalement, comme toujours, il faut être à la bonne distance pour la riposte. Dans l'utilisation de la méthode ABD, le *timing* et la distance sont donc les éléments majeurs de la réussite.

Le point clé de la méthode ABD est de faire en sorte que l'adversaire rate sa première attaque. ABD est l'art de l'ingéniosité où l'intelligence et la ruse l'emportent sur la force brutale.

• Technique ABD 1

- Dan Inosanto et son adversaire sont en garde **(PHOTO A1)**.

- Salem attaque avec un *juk tek* au corps de la jambe avant que Dan Inosanto bloque de son coude arrière tout en contrant avec un coup de pied direct (*jik tek*) dans la jambe de son adversaire **(PHOTO A2)**.

- Dan Inosanto termine en *goang da*, parade du poignet et frappe simultanée **(PHOTO A3)**.

Technique ABD 2

- Dan Inosanto et Salem sont en garde (**PHOTO B1**).

- Salem attaque avec en *o'ou tek* de la jambe arrière, Dan se décale et répond immédiatement en *low kick* de la jambe droite (**PHOTO B2**).

A Hong-Kong durant une émission de télévision.

CHAPITRE 15

PROGRESSION DE BASE DES TECHNIQUES DE POING EN JUN FAN JEET KUNE DO

La liste ci-dessous n'est qu'une petite partie des techniques de poing fondamentales qui se pratiquent en jun fan kick-boxing. Cette liste partielle est à utiliser non pas comme un catalogue, mais plutôt comme une base sur laquelle on peut construire des séries d'attaques, et qui peut changer selon nos besoins.

1- Direct au visage (*jab* ou *go da*) ou *biu jee* ou *speed jab* ou *entering jab*

2- Direct au corps

3- Double direct au visage

4- Direct au visage et direct au corps du même bras

5- Direct au corps du bras avant et direct au visage du même bras

6- Double direct au corps du même bras

7- Crochet long au visage du bras avant

8- Direct du bras avant et crochet du même bras (1-3)

9- Direct du bras avant, décalage et crochet du même bras au visage

10- Direct au corps du bras avant et crochet au visage du même bras

11- Direct au visage du bras avant, direct au corps du même bras, crochet

12- Direct du bras avant au visage et uppercut

13- Uppercut et direct du bras avant

14- Crochet au visage du bras avant et uppercut

15- Direct du bras avant, crochet et uppercut

16- Direct du bras avant, uppercut et crochet

17- Direct du bras avant au visage et direct du bras arrière au visage (1-2)

18- Direct du bras avant au visage et direct du bras arrière au corps

19- Direct du bras avant au visage, direct du bras arrière
et crochet au visage (1-2-3)

20- Direct du bras avant au visage, direct du bras arrière
et crochet au corps

21- Direct du bras avant au visage, direct du bras arrière et uppercut

22- Direct du bras avant, crochet au visage du même bras
et direct du bras arrière

23- Direct du bras avant, crochet et *swing* de l'autre bras
24- Uppercut du bras avant et crochet du bras arrière au visage
25- Crochet du bras avant, uppercut du même bras
et crochet du bras arrière au menton

NOTE : Toutes les techniques ci-dessus peuvent être travaillées :
- en shadow boxing ;
- aux pattes d'ours ou aux paos ;
- au sac de frappe ;
- en travail à deux en situation de combat avec les gants de boxe.

Il existe évidemment plusieurs autres enchaînements qui sont soit des variations des premières ou d'autres plus avancés. En jun fan JKD, tous les enchaînements de poing doivent se pratiquer :
- en garde à droite ;
- en garde à gauche ;
- de la distance de pied à la distance de poing ;
- de la distance de poing à la distance de pied ;
- à la distance de saisie (*trapping*).

Salem Assli et Linda Lee en 1990 lors d'une soirée en hommage à Bruce Lee.

CHAPITRE 16

MOUVEMENTS OFFENSIFS FONDAMENTAUX DU JUN FAN KICK-BOXING

Comme disait avec humour une personne bien connue : « Pour aller plus loin, à un moment donné il faut aller plus près ». C'est une boutade qui s'applique très bien au sujet qui nous concerne.

En effet, pour pouvoir entrer avec les poings ou en saisie lorsque l'on se trouve à distance de pieds, il faut trouver le moyen d'entrer dans la garde de l'adversaire en prenant le moins de risques possible, en évitant ses contres ou ses coups d'arrêt, donc il faut faire preuve de stratégie. Il ne faut jamais se ruer sur l'adversaire sans connaître ses possibilités offensives.

L'un des meilleurs moyens reste la feinte[1]. Les feintes sont un des éléments les plus importants dans les attaques en jun fan jeet kune do. En kick-boxing, l'arme la plus commune utilisée pour la feinte reste le direct avec les doigts en fer de lance ou *biu jee*. Toute feinte doit être franche, c'est-à-dire que l'adversaire doit y croire afin de créer une réaction, telle que lever le bras avant pour parer le *biu jee*, et revenir très rapidement à son point de départ. À mi-chemin du retour de la feinte du *biu jee*, vous devez enchaîner immédiatement avec une attaque de la jambe avant (souvenez vous : l'arme la plus longue sur la cible la plus proche), vous attaquez donc avec :
- *o'ou tek* jambe avant ;
- *jeet tek* jambe avant ;
- *juk tek* jambe avant ;
- *jik tek* jambe avant.

L'attaque franche et sèche sur la jambe avant de l'adversaire provoquera une réaction qui vous permettra d'enchaîner avec les combinaisons fondamentales suivantes :
- *jab - cross - hook* (également appelé le 1-2-3)[2] ;
- *jab - cross - body hook* ;
- *jab - cross - uppercut* ;
- *jab - hook - cross* ;
- *jab - hook - rear uppercut* ;
- *jab - hook - lead uppercut* ;
- *jab - hook - overhead* ;
- *cross - hook - cross* ;
- *cross to the body - hook - cross* ;
- *cross - uppercut - cross* ;
- *cross - rear uppercut - hook* ;

---

1. *Voir les feintes au chapitre 9 (section PIA).*

2. *Nous utilisons des termes courts pour certaines techniques du jun fan. Par exemple, le direct du bras avant et le direct du bras arrière (le jab et le cross) sont appelés le « une-deux », car ce sont deux mouvements qui se suivent logiquement, lorsque l'on ajoute le crochet du bras avant après le cross, nous appelons cet enchaînement le « une-deux-trois ». Tout simplement pour gagner du temps, si l'on dit le « une-trois », on signifie le jab-hook du même bras.*

- *overhead - uppercut - overhead* ;
- *jik chung chuie* ;
- *combinaison des pak sao.*

NOTE : Toutes les techniques ci-dessus peuvent être travaillées :
- *en shadow boxing ;*
- *aux pattes d'ours ;*
- *au sac de frappe ;*
- *en travail à deux en situation de combat avec les gants de boxe.*

*Bruce aide John Saxon à s'assouplir durant le tournage d'*Opération dragon.

CHAPITRE 17

PARADES, ESQUIVES ET DÉFENSES

« **L**a meilleure défense est de ne pas laisser votre adversaire démarrer son attaque, mais plutôt de le forcer à rester constamment sur la défensive » Bruce Lee.

Si en jeet kune do l'accent est mis sur l'attaque et toutes ses possibilités offensives, la défense est tout aussi importante. Sur une attaque de l'adversaire, un direct du bras avant par exemple, il y a cinq scénarios possibles :
1) Vous bloquez son attaque.
2) Vous parez son attaque.
3) Vous esquivez son attaque.
4) Vous interceptez son attaque.
5) Son attaque a réussi, vous êtes touché.

Dans les deux premiers cas, vous utilisez les membres supérieurs ou inférieurs pour bloquer ou parer les attaques de votre adversaire. Bien qu'il y ait d'autres moyens de défense, il vaut mieux utiliser ses bras ou ses jambes pour bloquer, plutôt que sa tête, c'est meilleur pour la santé... surtout si l'on veut garder ses neurones le plus longtemps possible !

Malheureusement, dans le feu de l'action, on n'a pas toujours le choix ; les blocages et les parades restent les défenses les plus simples à utiliser pour la plupart d'entre-nous. Cependant, ce ne sont pas là les meilleures méthodes comme nous le verrons plus loin. Un blocage doit s'effectuer de manière très sobre, ni trop tôt ni trop tard. Il faut bloquer lorsque l'adversaire s'est engagé complètement dans son attaque, sans pouvoir la terminer complètement, afin de pouvoir le contrôler plus facilement.

Quant aux parades, qui ne sont en fait ni plus ni moins que des esquives accompagnées d'un mouvement de la main ou du pied, elles doivent être assistées d'un changement de distance sobre et économique (en retrait ou latéral) afin que le coup ne puisse atteindre sa cible et que la riposte puisse se faire le plus vite possible.

Dans le troisième cas, vous esquivez les coups en effaçant la cible. D'un niveau supérieur au blocage, les esquives sont plus difficiles à réaliser, car elles demandent un bon coup d'œil allié à un bon *timing*.

Dans le quatrième cas, vous interceptez l'attaque de votre adversaire avec un coup d'arrêt avant qu'il n'ait le temps de compléter son attaque. Cette façon de faire, typique du jeet kune do, est bien sûre la meilleure mais aussi la plus difficile, car elle demande non seulement les attributs du cas précédent, mais en plus une bonne notion des distances et des déplacements pour que la « réponse » soit fulgurante.

Dans le dernier cas, le moins bon, l'adversaire a réussi son attaque. Cette possibilité n'est pas à négliger, car non seulement c'est une réalité fortement envisageable, mais en plus elle vous forcera à reprendre vos esprits le plus vite possible tout en gardant votre *self-control*.

Les réponses aux attaques de votre adversaire peuvent donc être passives ou actives.
Une réponse passive signifie que :
- vous bloquez l'attaque de votre adversaire
avant de riposter ou de remiser ;
- vous parez l'attaque de votre adversaire
avant de riposter ou de remiser ;
- vous esquivez l'attaque de votre adversaire
avant de riposter ou de remiser.

Une réponse active signifie que :
- vous attaquez votre adversaire en même temps
que vous esquivez son attaque ;
- vous attaquez votre adversaire en même temps
que vous bloquez son attaque ;
- vous attaquez votre adversaire en même temps
que vous parez son attaque ;
- vous interceptez l'attaque de votre adversaire avec un coup d'arrêt
avant qu'il n'ait pu finir son attaque[1].

---

1. *Il peut souvent être nécessaire de bloquer ou d'esquiver l'attaque de l'adversaire même après l'avoir intercepté avec un coup d'arrêt.*

En règle générale, et dans la mesure du possible, on essaiera toujours d'utiliser des réponses actives aux attaques de l'adversaire ; l'une des théories du jeet kune do est que la meilleure défense reste l'attaque simultanée. Le *jeet kune do* met l'accent tout à la fois sur l'économie du mouvement et l'efficacité. Lorsque nous utilisons une réponse passive, nous mettons plus de temps et d'énergie, alors que pour toutes les réponses actives, la réaction est immédiate.

*Bruce dans la scène finale d'*Opération dragon.

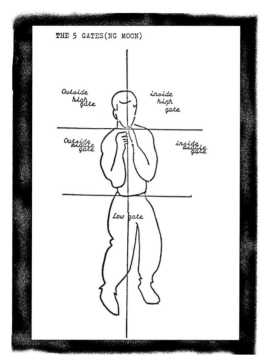

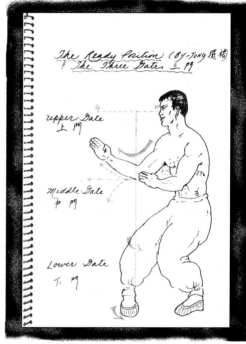

Dessins originaux de Bruce Lee.

NG MOON DEFENSES

Votre corps ainsi que celui de votre adversaire est divisé en trois parties principales, qui peuvent toutes servir de cibles d'attaque. Elles sont :
- le niveau haut *(go)* : *upper gate*
- le niveau médian *(jung)* : *middle gate*
- le niveau bas *(ha)* : *lower gate*

Les niveaux haut et médian sont eux-mêmes divisés en deux parties, l'intérieur et l'extérieur. Si pour les secteurs haut et médian les bras s'occupent des attaques extérieures et intérieures, la jambe avant, elle, s'occupe de bloquer ou d'esquiver la plupart des attaques en ligne basse. A moins que vous ne laissiez l'adversaire passer derrière vous sans broncher, toutes ses attaques tenteront de passer forcément par l'une de ces cinq portes *(gates)*[1].

Voici dans une séquence relativement facile à mémoriser les neuf premières techniques de base de défenses et d'attaques simultanées (contre-attaques) que l'on trouve en jun fan gung fu et que l'on peut appliquer en kick-boxing contre les attaques en lignes hautes et médianes :

1) *Tan sao da* (gauche et droite)
2) *Biu sao da* (gauche et droite)
3) *Ha woang pak da* (gauche et droite)
4) *Goang da* (gauche et droite)
5) *Ha pak da* (gauche et droite)
6) *Loy woang pak biu jee* (gauche et droite)
7) *Gnoy woang pak biu jee* (gauche et droite)
8) *Gnoy biu jee* (gauche et droite)
9) *Loy biu jee* (gauche et droite)

Biu sao da *de Bruce sur Taki Kimura*

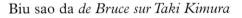

1. *Selon le type d'adversaire, les zones d'attaques peuvent varier ; en effet, les cibles offertes ne sont pas les mêmes si vous avez en face de vous un pratiquant du taekwondo qui sera plus de profil, un boxeur thaï qui, lui, aura la garde plus de face et les bras plus écartés pour vous inviter à donner des* middle kicks, *ou un lutteur qui sera beaucoup plus bas sur ses appuis et qui cherchera à vous renverser, etc. Il faut donc analyser le type d'adversaire et les cibles qui vous sont offertes et lancer les attaques appropriées.*

1) *Tan sao da* **(gauche et droite) :**
La main avec la paume ouverte vers le ciel (*tan sao*) dévie l'attaque en frappant simultanément de l'autre main (*da*). Selon le type d'attaque (crochets ou directs) le *tan da* est accompagné d'un déplacement latéral. Le *tan da* s'utilise contre les attaques en ligne haute. **(PHOTO 1)**

2) *Biu sao da* **(gauche et droite) :**
La main avec la paume vers le bas (*biu sao*) dévie l'attaque en frappant simultanément de l'autre main (*da*). Comme pour le *tan da*, le *biu da* s'accompagne souvent d'un déplacement latéral pour un meilleur angle de frappe et s'utilise de la même manière contre les attaques en ligne haute. **(PHOTO 2)**

3) *Ha woang pak da* **(gauche et droite) :**
Parade croisée avec la main ouverte (*woang pak*) en ligne basse (*ha*) avec frappe simultanée de l'autre main (*da*). *Ha woang pak da* s'utilise contre les attaques en ligne médiane. **(PHOTO 3)**

4) *Goang da* (gauche et droite) :
Technique similaire à la précédente, mais qui utilise le tranchant externe du poignet pour bloquer ou parer les attaques en ligne médiane. **(PHOTO 4)**

5) *Ha pak da* (gauche et droite) :
Parade chassée verticale basse (*ha pak*) avec frappe simultanée de l'autre main (*da*). C'est une parade qui s'utilise contre des attaques au corps. **(PHOTO 5)**

6) *Loy woang pak biu jee* (gauche et droite) :
Parade croisée intérieure avec attaque simultanée en *biu jee* de l'autre main. Parade qui s'utilise sur des attaques directes du poing (*jab ou cross*) en ligne haute.

7) *Gnoy woang pak biu jee* (gauche et droite) :
Parade croisée extérieure avec attaque simultanée en *biu jee* de l'autre main. Parade qui s'utilise sur des attaques directes du poing (*jab ou cross*) en ligne haute.

8) *Gnoy biu jee* **(gauche et droite) :**
C'est une parade et une attaque intérieure simultanée
du même bras en *biu jee*.

9) *Loy biu jee* **(gauche et droite) :**
C'est une parade et une attaque extérieure simultanée
du même bras en *biu jee*.

CHAPITRE 18

PARADES ET ESQUIVES FONDAMENTALES EN JUN FAN KICK-BOXING

En règle générale, les coups de poings en ligne haute sont esquivés, bloqués ou parés en utilisant les mains. Les coups de pieds en ligne basse sont soit esquivés en utilisant une des nombreuses techniques d'évasions partielles ou totales, ou le plus souvent parés ou bloqués en utilisant sa jambe avant ou arrière selon les cas, ou mieux encore ils sont interceptés en utilisant un coup d'arrêt[1].

A- ESQUIVES DE BASE EN LIGNE HAUTE (BASIC UPPER BODY DEFENSES)

La garde (**PHOTO 1**)

---

1. Voir les coups d'arrêt au chapitre 7

1- Courte esquive à gauche *(slip away left)* **(PHOTO 2)**

2- Courte esquive à droite *(slip away right)* **(PHOTO 3)**

3- Descendre sur ses appuis *(duck)* **(PHOTO 4)**

4- Retrait du buste *(retreat back)* **(PHOTO 5)**

5- Protection en roulant l'épaule avant *(shoulder roll)* **(PHOTO 6)**

6- Esquive latérale à gauche *(bob left)* **(PHOTO 7)**

7- Esquive latérale à droite *(bob right)* **(PHOTO 8)**

8- Esquive rotative à gauche *(bob and weave left to right)* **(PHOTO 9)**

9- Esquive rotative à droite *(bob and weave right to left)* **(PHOTO 10)**

B- PARADES DE BASES EN LIGNE BASSE
(BASIC LOWER BODY DEFENSES)

1- Blocage jambe gauche
(left shield) (**PHOTO 11**)

2- Blocage jambe droite
(right shield) (**PHOTO 12**)

3- Blocage croisé jambe gauche
(left cross shield) (**PHOTO 13**)

4- Blocage croisé jambe droite
(right cross shield) (**PHOTO 14**)

CHAPITRE 19

SÉRIE DE DÉFENSES ET CONTRES
SUR DES ATTAQUES SIMPLES OU COMBINÉES

Si dans le jeet kune do l'accent est mis sur les techniques offensives, la défense, comme nous venons de le voir, ne doit pas non plus être négligée car vous aurez plus d'une occasion d'y avoir recours. Bruce Lee avait développé dès 1965 des séries de défenses et de ripostes sur des coups simples ou enchaînés, contre le direct du bras arrière, contre le direct du bras avant, le coup de pied circulaire de la jambe avant en ligne basse ou en ligne médiane (*o'ou tek*), contre le coup de pied de côté (*juk tek*), contre le *jab cross* (1-2) ou le *jab hook* (1-3), etc.

Bruce frappe en contre en utilisant un o'ou tek *de la jambe avant
contre le direct du bras arrière de son adversaire.*

Bruce développa plus d'un contre pour chaque mouvement offensif, et
s'il vaut mieux les connaître tous (spécialement pour un instructeur), chacun se sentira plus à l'aise avec certains d'entre eux plutôt qu'avec
d'autres. Au début, toutes ces techniques sont à apprendre dans leur progression logique, et la personne qui vous sert les attaques le fait en suivant
la progression et à une vitesse relative au degré d'aptitude de l'élève ou du
partenaire. Cela dit, avec le temps, on servira plus rapidement, et les
réponses aux mouvements offensifs seront variées selon les circonstances,
pour se concentrer uniquement sur le *timing*, la distance et le flot.

Bruce faisait travailler ses élèves sur les pattes d'ours et ensuite directement en situation de combat avec un partenaire et avec des gants de boxe, en situation d'attaque et de défense contre un ou plusieurs adversaires en même temps.

Les techniques de défenses suivantes se travaillent donc aux pattes d'ours ou avec des gants de boxe. Selon les différents types de combattants et leurs styles, leurs directs du bras avant, par exemple, seront aussi variés dans leurs applications qu'il y a de moyens de s'en défendre. Certains, comme les boxeurs, le donnent à une vitesse qui ne vous laisse qu'une fraction de seconde pour réagir, d'autres ont une tendance à appuyer leur coup, d'autres encore à « geler » leur coup après la frappe pendant un court laps de temps que vous pouvez mettre à profit pour une plus grande variété de contre-attaques. Certains ont une allonge plus longue que d'autre, ce qui peut vous forcer à esquiver plutôt qu'à bloquer ou parer, ce qui changera complètement votre réponse.

Que ce soit contre une attaque simple ou combinée, il existe quatre façons fondamentales de riposter qui sont :

1- la riposte simple et directe ;

2- la riposte simple indirecte ;

3- la riposte enchaînée ;

4- la riposte différée.

Il y a donc en jun fan kick-boxing une myriade de possibilités de ripostes contre toute attaque. Encore une fois, il faut garder à l'esprit qu'aucune série n'est limitée, et que vous découvrirez vous-mêmes avec l'expérience d'autres variations qui vous appartiendront mais auxquelles il ne faudra pas s'attacher, pour ne pas se limiter.

Voici donc quelques exemples impliquant tantôt uniquement les poings, tantôt les pieds, mais aussi les saisies, ou la lutte, ces différents éléments pouvant être combinés ensemble. Il est important de se familiariser avec toutes ces différentes possibilités, car les situations seront toujours changeantes. Ils vous faut donc connaître, pratiquer, afin de vous adapter aux circonstances. Votre travail se perfectionnera avec le temps et c'est uniquement lors des sessions de *sparring* que vous découvrirez réellement ce qui marche pour vous.

QUELQUES TECHNIQUES DÉFENSIVES FONDAMENTALES
CONTRE LE JAB

- parade bloquée du bras arrière et remise avec *jab* ou *biu jee* en ligne haute ;

- parade bloquée du bras arrière et remise avec frappe
de la main avant[1] en ligne basse ;

- parade bloquée, décalage extérieur et remise avec *hook* du bras avant ;

- parade bloquée et remise avec *cross* au corps ;

- parade bloquée, feinte de *jab* en ligne haute et remise avec *jab* au corps ;

- parade bloquée, feinte de *jab* en ligne haute
et remise avec *o'ou tek* jambe avant ;

- parade bloquée ou chassée et *jik tek* jambe avant ;

- parade bloquée du bras avant et remise en *pak sao da* ;

- parade chassée intérieure suivie de *ping chuie*
et *qua chuie* simultanément du bras avant ;

- parade chassée intérieure suivie de *ping chuie*,
qua chuie et *pak sao da* du bras avant ;

- parade chassée intérieure suivie de *ping chuie*, *qua chuie*, coup de genou
arrière et *o'ou tek* de la jambe avant ;

- parade chassée ou bloquée du bras avant, *jao sao*, et étranglement ;

- esquive en bas avec projection de l'épaule en avant,
attraper la jambe avant et faire tomber ;

- esquive en bas avec projection de l'épaule en avant,
attraper les deux jambes et faire tomber ;

---

1. *On peut remiser ici avec* ping chuie, chung chuie, chop chuie, *ou avec le tranchant externe
de la main ou la paume de la main si la frappe est dirigée aux parties génitales.*

• *Jab counter* (Salem et Jean-Michel aux pattes d'ours)

- Salem et son partenaire sont en garde **(PHOTO 1)**.

- Salem pare le *jab* en utilisant une parade extérieure et une frappe simultanée du bras avant ou *split entry* **(PHOTO 2)**.

- Salem chasse *(huen sao)* le bras avant **(PHOTO 3)**.

- Et remise avec *cross* **(PHOTO 4)**.

- *Hook* du bras avant **(PHOTO 5)**.
- *Cross* **(PHOTO 6)**.
- Et termine avec un *o'ou tek* de la jambe avant au corps **(PHOTO 7)**.

QUELQUES TECHNIQUES DÉFENSIVES FONDAMENTALES
CONTRE LE JAB CROSS

• Série 1

- Salem et Jean-Michel sont en garde **(PHOTO 1).**

- Salem bloque le *jab* **(PHOTO 2).**

- Et se protège du *cross* de Jean-Michel en roulant l'épaule avant
et en frappant en *o'ou tek* de la jambe avant en ligne basse **(PHOTO 3).**

- Salem riposte immédiatement avec l'enchaînement *cross-hook-cross* (**PHOTOS 4, 5, 6**).

- Et *jik tek* de la jambe avant **(PHOTO 7).**

- Suivi de *o'ou tek* jambe arrière (notez la façon rapide de tenir les pattes d'ours) **(PHOTO 8).**

• Série 2

- Mathieu et Jean-Michel sont en garde **(PHOTO 1).**
- Mathieu bloque le *jab* **(PHOTO 2).**

- Puis exécute une esquive rotative[1] contre le *cross* (possibilité de crochet au corps durant l'esquive rotative) **(PHOTO 3).**

---

1. L'esquive rotative ne s'exécute que si l'on peut voir l'épaule arrière ; si le cross *est trop serré, il vaut mieux utiliser une parade ou une esquive latérale extérieure.*

- Mathieu riposte avec l'enchaînement *hook-cross-hook* **(PHOTOS 4, 5, 6)**.

- Puis *jik tek* de la jambe avant **(PHOTO 7)**.
- Et *juk tek* en ligne basse de la même jambe **(PHOTO 8)**.

• **Série 3**

- Salem et Jean-Michel sont en garde **(PHOTO 1)**.
- Salem bloque le *jab* de Jean-Michel **(PHOTO 2)**.

- Et arrête le *cross* avec un blocage en arrêt sur épaule du bras avant **(PHOTO 3)**.

- Salem riposte avec l'enchaînement *cross-hook-cross* (**PHOTOS 4, 5, 6**).
- Puis il enchaîne avec un *jik tek* de la jambe avant (**PHOTO 7**).

- Se décale **(PHOTO 8)**.

- Et termine avec un *juk tek* en ligne haute de la jambe arrière **(PHOTO 9)**.

• **Série 4**

- Lavonne et Jean-Michel sont en garde **(PHOTO 1)**.
- Lavonne bloque le *jab* **(PHOTO 2)**.

- Et effectue une parade chassée sur le *cross* de Jean-Michel **(PHOTO 3)**.
- Lavonne riposte immédiatement avec un *cross* qu'elle envoie volontairement sur le côté du visage de Jean-Michel pour ne pas perdre le *momentum* (puisqu'elle travaille aux pattes d'ours) **(PHOTO 4)**.

- Puis elle enchaîne avec *hook-cross-hook* (**PHOTOS 5, 6, 7**).

- Se décale... et termine avec un *o'ou tek* de la jambe avant **(PHOTO 8).**

- Et un *o'ou tek* de la jambe arrière **(PHOTO 9).**

• Série 5

- Jean-Michel et Mathieu sont en garde **(PHOTO 1)**.
- Jean-Michel bloque le *jab* de Mathieu **(PHOTO 2)**.

- Et effectue une esquive latérale en frappant simultanément
en *ping chuie (cross)* au corps sur le *cross* de Mathieu **(PHOTO 3)**.

- Puis il enchaîne avec *hook-cross-hook* (**PHOTOS 4, 5, 6**).

- Et il termine par un *o'ou tek* de la jambe arrière
en ligne basse **(PHOTO 7)**.

- Et un *o'ou tek* en ligne haute de l'autre jambe **(PHOTO 8)**.

*Photo dédicacée
que Bruce donnait
souvent à ses élèves
les plus avancés.*

QUELQUES TECHNIQUES DÉFENSIVES FONDAMENTALES CONTRE LE JAB HOOK

1- Parade bloquée du bras arrière contre le *jab*, décalage et parade en protection contre le crochet du même bras. Revenir avec *hook-cross-hook*, suivis de deux coups de pied de votre choix.

2-

- Salem et Mathieu (avec les pattes d'ours) sont en garde **(PHOTO 1)**.

- Mathieu attaque avec un *jab* que Salem pare en bloquant du bras arrière **(PHOTO 2)**.

- Puis se décale en utilisant *tan sao da* contre le crochet du même bras **(PHOTO 3)**.

- Salem riposte avec *cross-hook-cross* **(PHOTOS 4, 5, 6)**.

- Et termine avec un *o'ou tek* en ligne basse de la jambe avant **(PHOTO 7)**.
- Et un *o'ou tek* de la jambe arrière en ligne haute **(PHOTO 8)**.

3- Parade bloquée du bras arrière contre le *jab*, esquive rotative contre le crochet du même bras (possibilité de crochet au corps durant l'esquive rotative). Revenir avec *cross-hook-cross*, suivis de deux coups de pied de votre choix.

4- Parade bloquée du bras arrière contre le *jab*, arrêt sur épaule ou sur biceps du bras avant en parade contre le crochet du même bras, coup de genou de la jambe arrière au corps, changer de garde en avant et *cross-hook-cross* suivis de deux coups de pied de votre choix.

5- Parade bloquée du bras arrière contre le *jab*, décalage et parade en protection contre le crochet du même bras, revenir avec un *low kick* de la jambe arrière.

On peut, afin de varier les attaques et garder le pratiquant alerte, utiliser les méthodes d'entraînement du panantukan (boxe philippine) avec des techniques du jeet kune do. Par exemple, sur des attaques telles que le 1-2 *(jab-cross)*, la personne qui tient les pattes d'ours peut commencer par :
- feinter le *jab* et servir le *cross* ;
- feinter le *jab* en ligne basse et servir le *cross* ;
- donner le *jab* en ligne basse et servir le *cross* ;
- livrer un *o'ou tek* de la jambe avant en ligne basse et servir le *cross* ;
- donner directement le *cross*.

Plusieurs autres possibilités sont à la disposition de celui qui sert et qui casseront la monotonie, garderont le pratiquant en alerte constante et l'empêcheront de s'habituer, l'habitude étant potentiellement dangereuse dans les arts martiaux.

MY FOLLOWERS IN JEET KUNE DO. DO LISTEN TO THIS... ALL FIXED SET PATTERN ARE INCAPABLE OF ADAPTABILITY OR PLIABILITY. THE TRUTH IS OUTSIDE OF ALL FIXED PATTERNS.
Bruce Lee 1966

« Que mes successseurs en JKD retiennent bien ceci : tous les systèmes préétablis sont incapables de la moindre adaptabilité. La vérité est ailleurs. »

CHAPITRE 20

LES SAISIES DES MAINS (TRAPPING)

Nous avons déjà survolé l'explication de la méthode HIA (*hand immobilization attack*), l'attaque en immobilisant les mains. Cependant, rappelons encore une fois que le but des saisies (captures) est d'immobiliser le bras avant, le bras arrière ou bien les deux bras de l'adversaire, afin d'obtenir une ouverture qui vous permette d'enchaîner avec :

- un coup ;

- un enchaînement de coups ;

- une autre saisie ;

- plusieurs saisies ;

- une entrée au corps-à-corps (lutte) ;

- une projection.

LA LIGNE CENTRALE

L'idée des saisies est de contrôler la ligne centrale. Cette ligne imaginaire est celle qui passe entre les yeux de l'adversaire et les vôtres. Le meilleur moyen de la contrôler reste de l'occuper, en gardant toujours à l'esprit que celui qui est en face de vous voudra certainement faire la même chose. Il faut donc toujours avoir une garde impeccable, même en mettant la pression.

Pour pouvoir être à même d'exécuter n'importe quelle saisie, il faut commencer par faire une connexion avec l'un ou l'autre des bras de l'adversaire. Encore une fois, cette connexion ou « attache » peut se faire de manière offensive ou défensive, par exemple lorsqu'il bloque votre direct du bras avant *(jab)* avec son bras avant, ou encore lorsque vous-même interceptez son direct du bras avant.

Selon la réaction que vous obtiendrez de votre adversaire, vous devrez enchaîner avec la méthode la plus appropriée, c'est-à-dire prendre le chemin le plus direct et le plus économique pour parvenir à votre destination finale. Si la première saisie (souvent le *pak sao*) peut plus ou moins être décidée à l'avance, la suite ne saurait l'être, car la réaction sera différente selon le type d'individu que vous aurez en face de vous et l'énergie qu'il vous donnera en réponse. On ne peut pas vraiment prédire à l'avance quel type de saisie on va déployer sur son adversaire, car bien souvent il ne réagit pas comme on le souhaiterait. Les saisies étant basées sur la sensibilité et l'énergie, on remarquera vite que l'on n'obtient jamais exactement la même réponse sur deux saisies identiques chez un même individu... C'est la raison pour laquelle, il faut travailler toutes les différentes variations possibles de saisies, pour pouvoir rapidement et instinctivement passer d'une saisie à une autre lorsque le chemin que l'on souhaitait prendre est impraticable. C'est ici que le travail du *chi sao* peut grandement améliorer la sensibilité[1] et le temps de réaction.

Il y aura donc des cas où les saisies ne pourront être exécutées, faute d'énergie donnée en retour. Dans la plupart des cas, certains individus bloqueront ou réagiront sur vos attaques du bras avant de manière tout à fait personnelle et imprévisible. Certains essaieront de bloquer en utilisant

---

1. *Il est entendu que nous parlons ici de sensibilité tactile et non pas émotionnelle.*

soit leur bras avant ou leur bras arrière, d'autres se replieront sur eux-mêmes ou utiliseront la fuite. Dans tous les cas, il y a un nombre tout aussi grand de possibilités de s'adapter à la situation.

Voici un exemple concret : vous attaquez avec un *biu jee* afin de rentrer en saisie, votre adversaire fait un bond en arrière et vous vous trouvez hors de portée pour le saisir. Vous serez dans ce cas obligé d'utiliser, par exemple, une feinte suivie d'un coup de pied de la jambe avant pour rattraper la distance afin de vous trouver assez près pour espérer immobiliser ses bras.

Les points clés lors de l'exécution de n'importe quelle saisie sont tout d'abord d'attaquer avec une énergie suffisante pour que l'action soit réellement efficace et qu'elle surprenne l'adversaire. Pour ce faire, il faut absolument rattraper la distance qui vous sépare de la cible. Pour couvrir cette distance aussi infime soit-elle, vous pouvez utiliser le *step and slide*[1] (avance du pied avant et glissement du pied arrière), par exemple. Vous devez, en même temps que vous avancez, continuer à vous protéger de l'autre main, car il faut toujours vous méfier du contre.

Il n'y a pas de temps mort entre le pas chassé pour rattraper la distance, le contrôle du bras adverse et la saisie. Tout doit se faire pratiquement en un seul temps, harmonieux mais explosif ; la frappe qui précède la saisie n'a qu'une fraction de seconde pour parvenir à son but, le rythme n'étant pas 1... puis 2... puis 3..., mais 1,2,3.

LE POINT D'ATTACHE OU POINT DE RÉFÉRENCE

Pour la pratique des saisies, il est recommandé (surtout pour ceux qui débutent) de les commencer à partir du point de référence ou d'attachement, c'est-à-dire en étant face à face avec votre partenaire, votre bras avant directement en contact avec le sien. Ce genre de situation ne s'utilise que pour l'entraînement, pour simuler une attache lors d'une confrontation. On ne se bat pas de cette manière, mais cela permet de se concentrer sur le montant d'énergie à donner et de perfectionner la forme de la saisie que vous travaillez.

---

1. *Voir chapitre 3 sur les déplacements* (footwork).

LES DIFFÉRENTES FAÇONS D'ARRIVER AU POINT D'ATTACHE

A) En cassant la distance pour arriver en contact avec le bras avant de l'adversaire. C'est-à-dire qu'à partir de la garde normale on utilise son jeu de jambe pour rattraper la distance afin d'arriver au point d'attache.

B) En utilisant une feinte et ensuite casser la distance pour arriver au point d'attache. On utilise donc ici une feinte avec la main ou le pied avant, afin de distraire l'adversaire et en profiter pour casser la distance et arriver au point d'attache.

Ce sont ici deux méthodes offensives fondamentales pour arriver au point d'attache ; plus tard on pourra travailler des méthodes défensives, comme par exemple l'utilisation des coups d'arrêt dans les jambes pour ensuite casser la distance et arriver aux mêmes résultats.

NOTE : Du fait que votre adversaire peut se trouver en garde inversée par rapport à la vôtre, il est vivement recommandé de travailler les saisies dans les deux gardes afin de pouvoir les appliquer dans toutes les circonstances, ce principe s'applique d'ailleurs pour n'importe quelle autre technique.

LES ÉLÉMENTS FONDAMENTAUX QUI COMPOSENT LES SAISIES ET LEURS APPLICATIONS

1- *Pak sao (slap parry)* : parade de la main.

Le *pak sao* est une frappe avec la paume de la main avant ou arrière pour contrôler le bras de l'adversaire. Le *pak sao* peut s'exécuter sur son bras avant ou son bras arrière, il peut se faire au niveau du poignet jusqu'à l'épaule, mais il est préférable de saisir au niveau de l'avant-bras, juste avant le coude.

Il y a cinq façons de vous permettre de capturer (*pak sao*) le bras avant de votre adversaire :
- Avant qu'il initie son attaque.
- Durant son attaque (vous interceptez).
- Après son attaque (lorsqu'il rétracte son bras).
- S'il bloque votre direct du bras avant.
- Si vous bloquez son direct du bras avant.

Si nous utilisons souvent le terme *pak sao* pour décrire l'action de frapper en contrôlant le bras de l'adversaire, le *pak sao* n'est en réalité que la parade sans le coup de poing (*da* signifiant « frapper » en effet).

Bruce montre à ses élèves comment effectuer correctement le pak sao da.

• Le *pak sao da* (*slap parry with hit*) : **parade-capture de la main et frappe de l'autre main** (PHOTOS 1, 2).

De toutes les techniques de saisie, le *pak sao da* est certainement la plus importante, car toutes les autres saisies ne sont ni plus ni moins que des variations et compléments de celle-ci. Comme nous devons nécessairement passer par le *pak sao da* pour progresser vers d'autres saisies plus sophistiquées, il est nécessaire de le maîtriser parfaitement. Il existe plusieurs variations de *pak sao da*, les plus communes sont listées dans la progression de base des saisies (voir chapitre suivant).

2- *Bong sao (wing hand deflection)* : déflexion de l'avant-bras.

Le *bong sao* est une parade qui se fait avec l'extérieur de l'avant-bras, avec le coude levé et les doigts pointant vers le corps de l'adversaire. Pour ajouter de l'efficacité au *bong sao*, il est nécessaire d'effectuer une rotation du corps, l'idée étant de dissoudre l'attaque de l'adversaire et de la dévier afin qu'elle ne puisse pas vous atteindre. Lors de l'exécution du *bong sao*, le pli du bras ne doit pas être inférieur à 90 degrés, car votre bras serait trop faible pour parer l'attaque de l'adversaire.

Bruce exécute un lop sao / gua chuie *(revers de poing)*
sur Dan Inosanto. Celui-ci assure que Bruce « déchirait » fréquemment
les muscles dorsaux de ses partenaires tant sa force était colossale.

3- *Lop sao (pull hand* ou *grab hand)* : la main qui agrippe ou qui tire.

Le *lop sao* est une technique qui consiste à agripper l'intérieur ou l'extérieur du bras avant ou arrière de l'adversaire est de le tirer violemment vers soi. Le *lop sao* est souvent associé à une technique de main telle que le revers de poing (*qua chuie*).

4- *Biu sao (palm down deflection)* : déflexion avec la main en fer de lance.

Le *biu sao* s'utilise pour dévier ou coincer pendant un très court instant le bras arrière de l'adversaire lorsque celui-ci l'utilise pour repousser votre attaque, ceci afin de permettre de contrer sur l'extérieur de son bras arrière.

5- *Jao sao (running hand)* : désengagement de la main[1].

Le *jao sao* est un mouvement qui consiste, une fois le contact établi avec les bras de l'adversaire, à se détacher dans un mouvement circulaire pour changer de ligne d'attaque. Lors de l'exécution du *jao sao*, l'autre main doit toujours être en contact avec le bras de l'adversaire.

6- *Jut sao (jerk hand)* : secousse de la main.

Le *jut sao* est une brusque et courte secousse de la main qui s'exécute contre le bras avant ou arrière, sur les deux bras ou sur le cou de l'adversaire. Le but du *jut sao* est de :
- obtenir l'espace nécessaire pour initier une attaque ;
- feinter en frappant du bras opposé à celui qui initie le *jut sao* par exemple ;
- rapprocher la cible pour accentuer la puissance du coup ;
- créer une réaction de défense.

7- *Huen sao (circling hand parry)* : parade circulaire de la main.

Technique similaire au *jao sao* dans l'idée de contourner pour changer de ligne d'attaque, mais qui s'effectue en gardant le contact avec le bras de l'adversaire, et dans un mouvement circulaire plus petit. Elle peut s'exécuter de la ligne intérieure vers la ligne extérieure et vice-versa.

---

1. *Voir au chapitre 28 la série offensive fondamentale avec le* jao sao.

8- *Tan sao (palm up deflection)* : déflexion avec la paume ouverte vers le ciel

Le *tan sao* est un mouvement utilisé pour ouvrir la ligne afin de créer une ouverture pour attaquer ou riposter. On l'exécute sur l'intérieur ou l'extérieur du bras avant ou arrière de l'adversaire.

9- *Li sao (pulling palm up deflection toward)* : parade en tirant vers soi avec la paume de la main ouverte vers le ciel.

Le *li sao* est un mouvement qui se fait avec le creux formé par la base du pouce et le tranchant interne du poignet. On l'utilise pour tirer vers soi le bras arrière de l'adversaire, qui a bloqué notre attaque avec son avant-bras.

10- *Kow sao (hooking hand)* : parade chassée large en utilisant la main en crochet.

11- *O'ou sao (hooking hand)* : parade chassée courte en utilisant la main en crochet.

Bruce a montré dans Opération dragon *sa dextérité dans le maniement des doubles bâtons, une technique empruntée au kali philippin, qu'il travailla avec Dan Inosanto durant de nombreuses sessions de* sparring. *Les gens qui pensent que Bruce ne pratiquait pas les arts philippins sont assurément dans l'erreur.*

CHAPITRE 21

PROGRESSION DES SAISIES DE BASE (JUN FAN JEET KUNE DO 1966)

1- PAK SAO DA

A. À partir du point de référence.

B. À partir de la garde, rattraper la distance.

C. En utilisant une feinte et en rattrapant la distance pour capturer le bras avant et *pak sao*.

D. Les différentes variations pour capturer le *pak sao*.

2- LES DIFFÉRENTS TYPES DE PAK SAO DA

NOTE : Toutes les techniques sont expliquées à partir de la garde à droite.

1- *Pak sao* du bras arrière à l'extérieur de son bras avant et frappe du bras avant dans la même ligne (*gnoy da*).

2- *Pak sao* du bras arrière à l'extérieur de son bras avant et frappe du bras avant à l'intérieur de sa garde (*loy go da*).

3- *Pak sao* du bras arrière à l'extérieur de son bras avant et frappe du bras avant au corps (*jung da*).

4- *Pak sao* du bras arrière à l'extérieur de son bras avant et frappe du bras avant en ligne basse (*ha da*).

5- *Pak sao* du bras arrière à l'extérieur de son bras avant et frappe du bras avant à l'extérieur de son bras arrière.

6- *Pak sao* du bras arrière à l'intérieur de son bras arrière et frappe du bras avant à l'intérieur de son bras arrière.

7- *Pak sao* du bras arrière à l'intérieur de son bras arrière et frappe du bras avant à l'extérieur de son bras arrière.

8- *Pak sao* du bras avant à l'intérieur de son bras avant et frappe du bras arrière à l'intérieur de son bras avant.

3- PAK SAO DA ET JIK CHUNG CHUIE

Après le *pak sao*, poursuivre avec le *jik chung chuie* en commençant par le bras arrière.

4- PAK SAO DA - BONG SAO - LOP SAO DA

Après le *pak sao da*, suivre avec *bong sao*, *lop sao* du bras arrière et suivre avec une frappe du bras avant, tel que : *qua chuie* ou *sut sao* par exemple (PHOTOS 1, 2, 3, 4).

Un autre lop sao / gua chuie *(revers de poing) de Bruce
sur Inosanto. Notez la tenue encore traditionnelle de kempo
chez Dan Inosanto ; cette photo date du tout début
de leur complicité martiale. A cette époque Dan Inosanto enseignait encore
quatre fois par semaine pour Bruce et trois fois pour Ed Parker.*

5- PAK SAO DA - LOY PAK SAO DA

Si votre adversaire bloque avec succès votre premier *pak sao da* avec son
bras arrière sans traverser la ligne centrale, vous enchaînez tout de suite
avec un deuxième *pak sao da*, en capturant son bras arrière de l'intérieur
(et en gardant le contrôle de la capture de son bras avant).

6- PAK SAO DA - CHUNG CHUIE - LOY PAK SAO DA

Cette série très rapide consiste à enchaîner tout de suite après le premier *pak sao da*, d'un coup de poing direct du bras arrière au visage en glissant sur son bras avant pour l'empêcher de contrer et de finir avec un autre *pak sao da* en suivant le modèle précédent.

7- PAK SAO DA - BIU SAO - PAK SAO DA - LOP SAO DA - PAK SAO DA

Neuf fois sur dix, une personne inexpérimentée avec les saisies aura tendance à repousser votre première attaque plus que nécessaire. Il vous est donc difficile de rester à l'intérieur de sa garde pour faire un double *pak sao da*, par exemple. Dans ce cas, il faut utiliser la pression qu'il nous donne et la retourner contre lui. Ici, après le premier *pak sao da*, on va utiliser le *biu sao* du bras gauche comme moyen de capturer son bras arrière et enchaîner avec *pak sao* du droit sur l'extérieur de son bras gauche avec frappe du poing gauche pour ensuite finir avec un *lop sao da* et *pak sao da*, le tout dans la même ligne.

8- PAK SAO DA - BIU SAO - LOP SAO avec CHUNG CHUIE - PAK SAO DA

Enchaînement identique au précédent à la différence toutefois qu'après le *biu sao* on utilise la même main pour faire le *lop sao* avec le *chung chuie* de l'autre bras. Comme pour la saisie précédente, on termine également ici avec un *pak sao da*.

9- PAK SAO DA - BIU SAO - LOP SAO avec SAT SAO ou FAK SAO - GUM SAO DA

Enchaînement identique au précédent mais le *lop sao* est accompagné d'un *sat sao* ou d'un *fak sao* du bras droit. On enchaîne avec *gum sao* du même bras afin de capturer son bras avant (tout en gardant la capture du bras arrière) et frapper de la main gauche.

9 bis-

Variation quasiment identique à l'enchaînement précédent, mais en utilisant un revers du poing plutôt qu'un *sat sao* ou un *fak sao* **(PHOTOS 1, 2, 3, 4, 5).**

10- PAK SAO DA - BIU SAO - PAK SAO DA - SUT SAO du gauche

Pak sao de la main droite puis *biu sao* pour capturer les deux bras, enchaîner avec *pak sao da* de la main gauche et terminer avec un *sut sao* de la même main.

11- PAK SAO DA - BIU SAO - LOP SAO DA - PAK SAO DA - SUT SAO du gauche

Enchaînement similaire au numéro 8, mais qui s'achève ici avec un *sut sao* de la main gauche.

CHAPITRE 22

LES MÉTHODES D'ENTRAÎNEMENT DU JUN FAN JEET KUNE DO

« S ans entraînement ni visualisation, le talent ne peut pas s'exprimer. Pour pouvoir sortir de l'ordinaire, il faut avoir les trois ensemble » Dan Inosanto.

Il y a en jun fan jeet kune do plusieurs façons de travailler les techniques de poings et les techniques de pieds, tous les enchaînements pieds-poings, poings-pieds, ainsi que les saisies.

Fondamentalement, il existe cinq méthodes, dont certaines avec variations, qui sont :

- Le *shadow-boxing* ou l'entraînement en solo pour les formes et l'équilibre.

- L'entraînement avec un partenaire aux pattes d'ours (*focus gloves*) ou aux paos ou au bouclier.

- L'entraînement au sac de frappe.

- L'entraînement au mannequin de bois.

- L'entraînement aux gants de boxe avec un partenaire (en attaque et en défense) pour se rapprocher le plus près possible d'une situation de combat réel.

Le matériel et les méthodes de combat utilisées par les pratiquants du jun fan JKD sont à leurs dispositions pour les aider à développer les différents attributs qui sont les leurs ainsi que les qualités nécessaires pour devenir un artiste complet en arts martiaux. Des qualités telles que la vitesse, le *timing*, la coordination, la distance, la puissance, l'équilibre, le rythme, l'endurance, etc.

1- Le *shadow boxing*

Il se travaille de préférence devant un miroir. Le miroir est un excellent outil qui permet de se concentrer sur la forme et la technique et de voir tout de suite ses défauts et de les corriger. Quel plaisir de redécouvrir devant la glace comment donner correctement un coup de pied circulaire, par exemple, de le décomposer afin d'en analyser tous les détails.

La beauté du geste est souvent négligée par nombre d'artistes des arts martiaux, qui souvent pensent (à tort) qu'une technique ne peut être à la fois belle et efficace. C'est un mythe qu'il faut détruire ; si l'on regarde

Bruce Lee ou d'autres pratiquants de renom, quel que soit leur art, ils ont tous un point commun : ils sont agréables à regarder évoluer. Ils sont arrivés à un niveau où ils ont lié l'esthétisme et l'efficacité, même dans les moments les plus difficiles. Une belle technique est une technique bien acquise, et qui devrait en théorie passer plus facilement. Si une technique est mal assimilée, elle passera avec beaucoup plus de difficulté à l'entraînement et encore moins bien durant les moments stressants d'un véritable combat.

Le *shadow-boxing* permet également de mettre l'accent sur son jeu de jambe et de travailler les techniques de poing ou de pied tout en se déplaçant. On peut travailler vite ou lentement et pratiquer des techniques simples ou combinées. Cependant, si vous ne travaillez que devant un miroir sans expérimenter les autres formes de travail ci-dessous, et tout particulièrement le *sparring* avec un partenaire volontaire, vous ne saurez jamais ce qui marche pour vous. Il faut aussi, durant le *shadow boxing*, comme toutes les autres formes d'entraînement, pratiquer la visualisation.

2- L'entraînement avec un partenaire aux pattes d'ours *(focus gloves)*

Il permet de travailler sa précision et son *timing*. L'entraînement aux pattes d'ours est un des outils de travail les plus importants en jeet kune do. C'est Bruce qui les rendit populaires en les incorporant à son entraînement ; aujourd'hui tout le monde ou presque les utilise. Seule la méthode de travail change.

Tout d'abord, il est impératif que votre partenaire sache les tenir correctement et qu'il sache varier les positions afin de pouvoir vous faire travailler les différentes combinaisons. Il faut également qu'il puisse attaquer ou riposter et revenir immédiatement dans une position qui vous permette de travailler vos enchaînements. Votre partenaire peut aussi avec les pattes d'ours vous forcer à travailler vos esquives et vos déplacements, et vous faire riposter avec des techniques de poings ou de pieds libres ou définies à l'avance.

• Exemple d'exercice avec pattes d'ours

- Lavonne et Jean-Michel sont en garde **(PHOTO 1)**.

- Lavonne attaque avec *ping chuie* **(PHOTO 2)** que Jean-Michel
bloque du bras avant **(PHOTO 3)**.

- Lavonne capture le bras avant **(PHOTO 4)** et *qua chuie* (revers de poing)
(PHOTO 5).

- Elle enchaîne avec *cross-hook-cross* **(PHOTOS 6, 7, 8)**
et termine avec un *jik tek* de la jambe avant que Jean-Michel
bloque avec les pattes d'ours **(PHOTO 9)**.

Le travail aux pattes d'ours ne représente qu'un danger mineur : les débutants ont souvent tendance, lorsqu'ils passent du travail aux pattes d'ours au travail en situation de combat avec les gants de boxe, à frapper dans les gants au lieu de frapper la cible (la tête de l'adversaire). Cela dit, lorsque l'on en a pris conscience et que l'instructeur est là pour corriger le problème, celui-ci se résout rapidement. Cela mis à part, les avantages du travail aux pattes d'ours sont innombrables. Par exemple, toutes les techniques que nous avons étudiées jusqu'à présent, qu'elles soient offensives ou défensives, peuvent se travailler aux pattes d'ours. Les cinq façons d'attaquer en jeet kune do, ce qui inclut les saisies (HIA), peuvent également se perfectionner avec les pattes d'ours. Mais encore une fois, il est nécessaire que votre partenaire ait de l'expérience, qu'il sache servir et connaisse toutes les variations possibles.

Les pattes d'ours sont les compagnons de travail idéal du pratiquant de jeet kune do. Le travail aux pattes d'ours sont ce qui se rapproche le plus du *sparring* après le travail avec les gants de boxe et vous aidera à développer la vitesse, le *timing* et la précision ainsi que la force en mouvement.

**• Enchaînements des six coups de poing fondamentaux
de boxe anglaise aux pattes d'ours :**

- À partir de la garde (**PHOTO 1**)

- *Jab* (**PHOTO 2**)

- *Cross* (**PHOTO 3**)

- *Hook* 1ʳᵉ méthode (**PHOTO 4**)

- *Hook* 2ᵉ méthode (**PHOTO 5**)

- *Uppercut* (**PHOTO 6**)

- *Quarter swing* (**PHOTO 7**)

- *Overhead* (**PHOTO 8**)

3- L'entraînement aux paos

Il est sensiblement similaire à celui aux pattes d'ours ; cependant, ici l'accent est mis sur le développement de la coordination dans l'enchaînement des coups de pied et de leur puissance. Si l'on peut également y travailler ses techniques d'enchaînements de poings, il sera beaucoup plus difficile pour le partenaire de vous servir des variations rapides aux poings. En raison de la taille des paos et de leur poids, le travail des saisies ne se pratique pas vraiment. Les paos permettent un travail qui se situe entre celui du sac de frappe et celui aux pattes d'ours, car on peut frapper plus fort sur une cible plus large, sans crainte de faire mal à son partenaire, surtout pour les débutants. Mais notre partenaire peut, comme avec les pattes d'ours, nous rappeler à l'ordre lorsque nous commettons des fautes, telles que baisser sa garde ou laisser tomber sa jambe en avant après une frappe. Là encore, le partenaire a la responsabilité de savoir tenir les paos correctement, afin de pouvoir nous faire travailler en mouvement des variations d'attaques et de défenses tout en respectant les distances.

• Exemple d'exercice d'enchaînement aux paos :

- À partir de la garde (**PHOTO 1**).
- Coup de pied circulaire jambe avant en ligne médiane
(joan o'ou tek) (**PHOTO 2**).

- *Jab* (**PHOTO 3**).

- *Cross* (**PHOTO 4**).

- *Hook* du bras avant (**PHOTO 5**).

- Esquive rotative *(bob and weave)* sur l'attaque en crochet bras arrière du partenaire (**PHOTO 6**).

- *Hook* du bras avant (**PHOTO 7**).

- *Cross* (**PHOTO 8**).

- *Hook* du bras avant (avec ajustement de la distance) **(PHOTO 9)**.

- Coup de pied circulaire de la jambe arrière en ligne haute (*go hou o'ou tek*) **(PHOTO 10).**

4- L'entraînement au bouclier

Peu de gens le savent, mais c'est Dan Inosanto qui le premier a eu l'idée d'utiliser le bouclier dans l'entraînement aux arts martiaux, c'était en 1961 alors qu'il était instructeur chez Ed Parker. Le bouclier était un outil de travail utilisé par les footballeurs américains pour travailler les arrêts.

Le bouclier permet de travailler la puissance, la coordination et la précision des coups mais avec en plus l'énorme avantage de pouvoir être déplacé par le partenaire. Il est le parfait outil pour travailler et perfectionner tous les coups de pieds chassés. On a moins tendance à pousser ses coups sur un bouclier que sur un sac de frappe. Le travail de piston sur le bouclier évite que l'on retombe sur sa jambe d'attaque, ce qui permet d'éviter bien des désagréments.

Le bouclier était un des instruments favoris de Bruce qui l'utilisait pour parfaire également toutes ses autres techniques de pieds, mais aussi ses techniques de poings, de coudes, de genoux, ses coups d'épaule... et de tête. Très utilisé dans les classes de jun fan kick-boxing, spécialement les phases 1 et 2, il met rapidement le débutant en confiance en le laissant s'exprimer sans crainte.

Le bouclier doit être tenu correctement par le partenaire qui peut bouger et placer le sac dans diverses positions, créer des ouvertures afin que vous puissiez littéralement faire « exploser » vos coups.

Dans son livre *A Guide to Martial Arts Training with Equipment*, Dan Inosanto explique que Bruce adorait tenir le sac pour d'autres pratiquants des arts martiaux, parce qu'à leur tour ils devaient le tenir pour Bruce qui d'un rapide et puissant coup de pied allait les envoyer voltiger.

Dans *La Fureur du dragon*, Bruce fait la démonstration de la puissance de ses coups sur un de ses partenaires qu'il envoie voler dans les cartons d'un puissant *juk tek*, ce que nous appellons en France un « chassé-croisé ».

5- L'entraînement au sac de frappe

Il permet de travailler sans retenue la puissance de ses coups sans crainte de blesser son partenaire. Le sac lourd est le compagnon idéal pour travailler les enchaînements de poings, de pieds, de genoux et de coudes et d'intégrer ces quatre éléments dans d'autres enchaînements plus complexes. Si l'on ne craint pas de blesser le sac, en revanche on peut se blesser soi-même, si l'on ne prend pas de bonnes dispositions dès le départ. Il est recommandé de se bander les mains jusqu'aux poignets et de porter des gants de sac ou des gants de boxe si l'on a l'intention de s'exercer en puissance. Il faut aussi faire attention au retour du sac afin d'éviter les hyperextensions.

Bruce et Dan au travail sur le sac de frappe.

Il ne faut pas frapper pour frapper, mais plutôt essayer de faire participer tout le corps. Il faut, pour que le travail au sac de frappe soit efficace, faire travailler en même temps son imagination. Il faut varier ses attaques, ses esquives, parfaire ses enchaînements en puissance tout en respectant encore une fois ses distances, frapper du pied lorsque l'on est à distance de pied et des poings lorsque l'on est plus près. Il faut bouger autour du sac, le traiter comme un individu vivant, avoir toujours la garde en protection même s'il ne rend pas les coups. Il faut que les frappes soient explosives et non pas poussées, afin de ne pas prendre de mauvaises habitudes. Si l'on pense à tous ces éléments, on en retirera un maximum de profit et l'entraînement au sac de frappe ne sera jamais une routine. Pour finir, si l'on veut investir dans un sac de frappe, on choisira si possible le plus long, celui qui permet également le travail des *low kicks*.

6- L'entraînement aux gants de boxe avec un partenaire

C'est là la méthode la plus réaliste, celle qui se rapproche le plus du combat réel. Les gants permettent de frapper les cibles véritables avec plus ou moins de contrôle, selon ce qui a été décidé au départ. Avec le partenaire, on peut travailler absolument tous les enchaînements en attaque comme en défense. Le partenaire nous oblige consciemment à conserver une bonne garde à tout moment et respecter les distances lors de l'exécution des techniques.

On constatera vite qu'il est beaucoup plus difficile de réaliser des saisies avec des gants de boxe, mais avec un peu de pratique et en se forçant un peu, on y arrive très bien. Pour cette raison, au début, Bruce Lee utilisait des gants de kempo, que lui-même et Inosanto avaient modifiés pour leurs besoins et que Bruce a popularisés dans la séquence de début d'*Opération dragon*.

Malheureusement, s'ils sont esthétiques parce que les doigts sont séparés, ils ne sont pas pratiques pour le contact, car ils sont extrêmement durs et peuvent faire très mal à votre partenaire d'entraînement, ce qui n'est pas le but recherché. Si nous les utilisons, c'est presque exclusivement pour le *sparring* au bâton. Par contre, ils sont superbes pour faire... des photos ; tout le monde d'ailleurs les associe au jeet kune do. Si vous tenez donc absolument à avoir des gants avec les doigts libres pour faire du *sparring*, dans ce cas achetez vous des gants de shoot wrestling ou de free fight, les gants de shoot wrestling ont eux-mêmes été influencés par ceux de Bruce Lee. Combattre avec des gants peut sembler contraire à l'essence du jeet kune do — un véritable combat, naturellement plus dangereux, se fait sans gant. Cependant le travail avec les gants permet quand même de travailler certaines qualités qui, sans les gants, seraient beaucoup plus difficiles à développer.

• Technique 1

- Salem et Mathieu sont en fausse garde **(PHOTO 1)**.

- Mathieu attaque avec un *o'ou tek* de la jambe arrière en ligne médiane que Salem pare (*wong pak*) en se décalant **(PHOTO 2)**.

- Salem riposte avec un *jik tek* jambe avant aux parties **(PHOTO 3)**.

- Et un coup de poing direct du bras avant **(PHOTO 4)**.

- Salem poursuit avec un *lop sao/qua chuie* **(PHOTO 5)**.

- Puis un direct du bras arrière **(PHOTO 6)**.

- Et termine avec un coup de genou **(PHOTO 7)**
et un coup de coude du bras arrière **(PHOTO 8)**.

• Technique 2

- Salem et Mathieu sont en garde **(PHOTO 1).**

- Salem attaque en *biu jee*, que Mathieu esquive
avec retrait du corps **(PHOTO 2).**

- Salem frappe en coup de pied circulaire de la jambe avant
au corps **(PHOTO 3).**

- Salem attaque à nouveau en *biu jee* que Mathieu
bloque du bras avant **(PHOTO 4).**

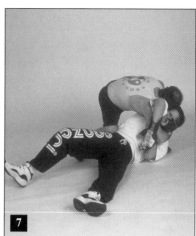

- Salem contourne (*jao sao*) le bras de son adversaire
qu'il coince sur son épaule **(PHOTO 5)**.

- Il exécute une clé au cou **(PHOTO 6)**.

- Puis emmène son adversaire au sol **(PHOTO 7)**.

- Tout en contrôlant le bras de son adversaire,
il lui donne un coup de genou au visage **(PHOTO 8)**.

- Et termine avec une clé de bras classique **(PHOTOS 9 ET 10)**.

7- L'entraînement avec le mannequin de bois *(mook jong)*.

Le *mook jong* (*wooden dummy* ou mannequin de bois) est, comme tout le monde le sait, un instrument d'entraînement typique du système *wing chun* dont il existe des variantes dans certaines autres disciplines de kung fu chinois.

C'est de maître Yip Man que Bruce Lee apprit les formes et l'utilisation du *mook jong*. Dès 1961, Bruce fit venir de Hong Kong son propre mannequin de bois pour pouvoir y pratiquer les 108 mouvements des séries du wing chun qu'il avait appris. Bruce fut violemment critiqué par les puristes chinois qui criaient au sacrilège lorsque Bruce frappait avec toutes sortes de techniques de pied et de poing qui ne faisaient pas partie du système *wing chun*. Qu'à cela ne tienne, rapidement Bruce modifia les séries du wing chun traditionnel et mit au point pour le travail au *mook jong* des séries d'enchaînements remarquables tant en jun fan gung fu qu'en jeet kune do.

Bruce Lee alla même jusqu'à modifier pour ses propres besoins le *mook jong* en se faisant construire un modèle tout à fait personnel avec une tête et un cou pour travailler ses agrippements. Le bras du milieu pouvait se placer à deux niveaux différents et la jambe était en bois ou en métal, avec deux jambes supplémentaires sur les côtés. Comme Bruce pulvérisait régulièrement les armatures, on lui installa son *mook jong* sur une plateforme et les armatures furent remplacées par des suspensions de voitures.

Dan Inosanto et James Lee furent les seules personnes à qui Bruce enseigna les formes du jun fan et du JKD au mannequin de bois. En wing chun ou en jun fan gung fu, le travail au *mook jong* consiste en priorité à développer notre capacité à dissoudre les attaques de l'opposant, en développant notre sensibilité et notre force au niveau des avant-bras. Bruce jugeait le *mook jong* utile pour ses élèves afin qu'ils puissent perfectionner leurs connaissances dans le domaine des blocages et des contre-attaques. Même s'il ne remplaçait pas un véritable partenaire, Bruce admettait qu'il était très utile pour travailler ses *pak sao* et ses *lop sao* à pleine puissance sans risquer de lui arracher l'épaule comme c'était arrivé avec ses élèves.

Les dix séries en jun fan sont les séries du *wing chun* avec les modifications apportées par Bruce, elles sont relativement courtes en comparaison de celles du jeet kune do qui, elles, sont beaucoup plus longues. Un autre avantage avec le *mook jong*, c'est que l'on peut se réveiller à quatre heures du matin ou avoir passé une journée difficile et lui taper dessus, il ne se plaint jamais : le partenaire idéal en fait.

CHAPITRE 23

APPLICATIONS DE DIFFÉRENTES TECHNIQUES OFFENSIVES UTILISANT DES ÉLÉMENTS MIXTES

• Technique 1

- Salem est face à son adversaire **(PHOTO 1)**.
- Salem feinte une attaque en *biu jee* du bras avant **(PHOTO 2)**...
et attaque immédiatement avec un *o'ou tek* de la jambe avant **(PHOTO 3)**.

- Salem poursuit avec un *biu jee* entre la garde de l'adversaire **(PHOTO 4)** et un revers du poing au visage **(PHOTO 5)**.

- Il enroule le cou de son adversaire avec le même bras **(PHOTO 6)** et finit avec un étranglement **(PHOTO 7)**.

 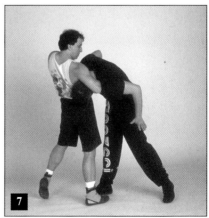

• Technique 2

- Salem est face à son adversaire **(PHOTO 1).**

- Salem attaque avec un *biu jee* **(PHOTO 2)**...
et un *jik tek* de la jambe avant **(PHOTO 3)**.
Salem essaie de continuer en *pak sao* et en revers de poing, mais son
adversaire se replie sur lui-même en se retournant **(PHOTO 4)**.

- Salem attaque donc avec un coup de genou de la jambe arrière sur la jambe avant de son adversaire **(PHOTO 5)**.

- Il se décale et termine en balayage **(PHOTOS 6 ET 7)**.

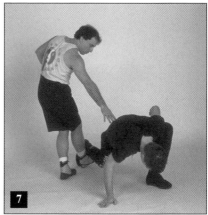

• Technique 3

Salem est en garde face à son adversaire **(PHOTO 1)**.

Salem attaque en *biu jee* que son adversaire évite en reculant **(PHOTO 2)**.

Salem rattrape la distance en attaquant avec un *o'ou tek* de la jambe avant sur le genou de son adversaire **(PHOTO 3)**... et attaque en *pak sao da* que Mathieu repousse **(PHOTO 4)**.

- Ayant traversé la ligne centrale, Salem continue avec un *lop sao da* avec un revers du poing droit **(PHOTO 5)**... et un coup de coude du bras gauche **(PHOTO 6).**

Bruce explique à Bolo (Yang Tse) comment faire une clé de bras correcte sur John Saxon.

• **Technique 4**

- Salem est en garde face à son adversaire (**PHOTO 1**).

- Salem feinte une attaque en ligne basse de la main avant (**PHOTO 2**).

- Mais frappe avec un *o'ou tek* de la jambe avant au visage (**PHOTO 3**).

- Se trouvant à distance de poing, il attaque avec un *qua chuie* (revers de poing) (**PHOTO 4**)... puis *lop sao* et *qua chuie* sur le bras arrière de son adversaire (**PHOTO 5**).

- Salem tente de poursuivre avec une clé de bras
puis de renverser son adversaire en arrière **(PHOTO 6)**.

- Devant la résistance de celui-ci **(PHOTO 7)**,
il change la direction de la clé de bras en passant son bras
au niveau de l'aisselle par-dessus celui de son adversaire **(PHOTO 8)**
et le projette au sol pour terminer en clé de bras au sol (*straight arm bar*)
(PHOTO 9).

• **Technique 5**

- Salem est en garde face à son adversaire **(PHOTO 1).**

- Celui-ci attaque en *jik tek* de la jambe avant **(PHOTO 2).**

- Salem utilise une parade chassée intérieure *(kow sao)* en se décalant et remise avec un *jik tek* de la jambe avant aux parties **(PHOTO 3).**

• **Technique 6**

- Salem et Jean-Michel sont face à face **(PHOTO 1)**.

- Jean-Michel attaque avec un *juk tek* au corps de la jambe avant que Salem bloque du bras avant tout en ripostant avec un *jik tek* de la jambe avant à l'aine **(PHOTO 2)**.

- Salem chasse de sa main avant *(ha pak)* la jambe d'attaque de son adversaire **(PHOTO 3)**, puis il pare le bras avant de Jean-Michel et frappe simultanément entre sa garde **(PHOTO 4)**.

- Salem plie violemment le bras de son adversaire
et frappe en même temps en coup de tête **(PHOTO 5)**.

- Salem poursuit avec un coup de poing de la main gauche **(PHOTO 6)**
et termine avec un coup de coude et un coup de genou
au visage **(PHOTOS 7, 8).**

Bruce exécute un fauchage en ciseaux sur Han (Shih Kien)
dans Opération dragon.

CHAPITRE 24

APPLICATIONS DE DIFFÉRENTES TECHNIQUES DÉFENSIVES UTILISANT DES ÉLÉMENTS MIXTES

« Le jeet kune do favorise l'absence de forme afin de pouvoir assumer toutes les formes, et puisqu'il n'est pas un style, il peut s'adapter à tous les styles. Le jeet kune do utilise tous les moyens à sa disposition mais n'est rattaché à aucun ; il utilise toutes les techniques pour atteindre son but »

Bruce Lee.

Le pratiquant du jeet kune do, avec de l'expérience et de la pratique, sera capable de maîtriser ses distances et d'adapter sa méthode aux circonstances. Il doit pouvoir passer avec aisance de la distance de pied à la distance de poing, ou vice versa, de la distance de pied ou de poing à celle des saisies, des saisies au combat au sol, etc. Cependant, on évitera toujours d'avoir à combattre au sol, dans la mesure du possible, surtout dans un combat de rue, et, qui plus est, contre de multiples adversaires, mais l'on s'y résoudra avec philosophie si l'on y est contraint.

Les méthodes de combat enseignées à l'Inosanto Academy sont des systèmes qui se marient très bien ensemble. Ils rentrent tous dans la structure du jeet kune do dans la mesure où entre autres choses ils sont particulièrement fluides. C'est la raison pour laquelle on n'y enseigne pas le karaté Shotokan, par exemple, qui malgré certains avantages comme la puissance de ses coups ne convient pas, autant par son absence de fluidité que par l'inexistence de son jeu de jambes par exemple. Les systèmes qui sont enseignés à l'Inosanto Academy ont tous un dénominateur commun qui fait que l'on peut les « assembler » pour parvenir à l'efficacité maximale.

Voici la liste de quelques-unes de ces disciplines
et leurs pays d'origine :

Bando - Lethway	Birmanie
Bersilat	Malaisie
Boxe francaise - Savate	France
Boxing	États-Unis
Jun fan gung fu - JKD	États-Unis
Jiu jitsu brésilien	Brésil
Kali escrima	Philippines
Kenpo jiu jitsu	États-Unis
Krabi krabong	Thaïlande
Kuntaw silat - Bersilat	Sud des Philippines
Maphilindo silat	États-Unis
Muay thai - Thai boxing	Thaïlande
Pencak silat	Indonésie
Shoot wrestling	Japon - États-Unis

• Technique 1

- Dan Inosanto et Salem sont en garde **(PHOTO 1)**.

- Salem attaque avec un *jab* que Dan Inosanto contre avec un *loy biu jee* de la main gauche **(PHOTO 2)**.

- Salem poursuit avec un direct du bras arrière, contré une fois de plus avec un *biu da* de la même main **(PHOTO 3)**.

- Dan Inosanto enchaîne avec un coup de coude du bras droit
(PHOTO 4)... un revers de l'avant-bras au visage **(PHOTO 5)**...
et termine avec un coup de genou droit à l'aine **(PHOTO 6).**

• **Technique 2**

- Dan Inosanto attend paisiblement **(PHOTO 1)**.

- Salem attaque avec un direct du bras arrière que Dan Inosanto pare de la main droite en frappant simultanément en *jik tek* de la jambe droite **(PHOTO 2)**.

- Dan enchaîne avec un *biu jee* de la main gauche **(PHOTO 3)**... et frappe du tranchant de la main à la tempe de son adversaire **(PHOTO 4)**.

- Puis, il donne un coup de genou de la jambe gauche tout en soulevant le bras droit de Salem pour le déséquilibrer **(PHOTO 5)**.

- Dan Inosanto le fait pivoter **(PHOTO 6)**... et le fait volontairement atterrir sur son genou **(PHOTO 7)**.

- Dan termine avec un coup de genou au corps et un coup de pointe au cou **(PHOTO 8)**.

• **Technique 3**

- Dan Inosanto et Salem sont face à face **(PHOTO 1)**.

- Salem avance en changeant de garde en avant, mais Dan Inosanto l'arrête avec un *juk tek* sur sa jambe avant **(PHOTO 2)**.

- Dan attaque en *biu jee* **(PHOTO 3)** et frappe de son avant-bras au cou de son adversaire **(PHOTO 4)**.

- Dan crochète la jambe de son adversaire en lui poussant en même temps la tête pour le déséquilibrer **(PHOTO 5).**

- Il emmène Salem au sol **(PHOTO 6)**, plonge son genou gauche au visage **(PHOTO 7)** et termine avec une clé de bras **(PHOTOS 8-9).**

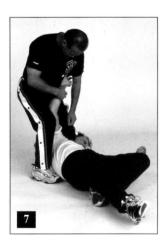  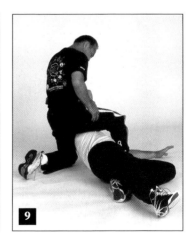

CHAPITRE 25

TECHNIQUES D'ARRÊT SUR PRISE DE JAMBE

*Dan Inosanto s'entraînant chez Bruce Lee à Inglewood
dans la banlieue de Los Angeles.*

• Technique 1

- Salem et son adversaire sont face à face **(PHOTO 1).**

- Son adversaire tente une prise de jambe, mais Salem l'arrête de la main gauche sans changer de garde **(PHOTO 2)** et contre-attaque immédiatement avec un coup de pied de pointe au visage de son adversaire **(PHOTO 3).**

• Technique 2

- Salem et son adversaire sont en garde **(PHOTO 1).**

- Son adversaire plonge pour une prise de jambe, mais Salem l'arrête avec une frappe de son avant-bras droit **(PHOTO 2).**

- Salem riposte avec un coup de genou de la jambe gauche au visage **(PHOTO 3)**...

- Salem repose sa jambe derrière la jambe avant de son adversaire
(PHOTO 4) pour le balayer **(PHOTO 5)** et terminer avec un coup de pied
de la même jambe au visage **(PHOTO 6).**

CHAPITRE 26

TECHNIQUES DE MISE AU SOL

• **Technique 1**

- Dan Inosanto et Salem sont en garde **(PHOTO 1)**.

- Dan attaque avec une attaque en *biu jee* à l'intérieur de la garde de Salem **(PHOTO 2)** et poursuit en *jao sao* **(PHOTO 3)**. Dan chasse le bras arrière de Salem et frappe au corps **(PHOTO 4)**.

- Il enchaîne avec un coup de coude vertical du bras droit au visage **(PHOTO 5)** et avance en crochetant la jambe de Salem **(PHOTO 6).**

- Dan Inosanto amène son adversaire au sol **(PHOTO 7).**

- Dan passe sa jambe gauche par-dessus la tête de Salem et termine avec une clé de bras **(PHOTOS 8-9).**

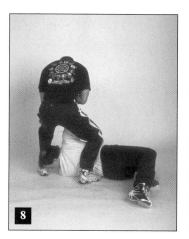 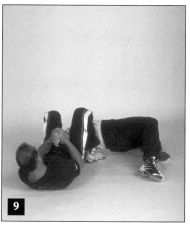

• **Technique 2**

- Salem et son adversaire sont en garde **(PHOTO 1)**. Celui-ci attaque avec un direct du bras arrière, Salem l'esquive en lui plongeant tête la première dans l'estomac **(PHOTO 2)**.

- Puis il soulève son adversaire **(PHOTO 3)** et le fait basculer **(PHOTO 4)**.

- Il le suit au sol en jetant le poids de son corps sur celui de son adversaire **(PHOTO 5)**. Salem capture le poignet de son adversaire et finit avec une clé de bras **(PHOTOS 6-7)**.

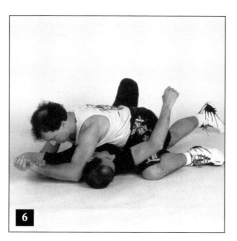

• Technique 3

- Salem et Jean-Michel sont en garde **(PHOTO 1).**

- Salem esquive le direct du bras avant en frappant simultanément dans l'aine **(PHOTO 2).** Salem fait le tour de son adversaire et l'enserre **(PHOTOS 3-4).**

- Il crochète la jambe gauche **(PHOTO 5)** et agrippe de sa main droite la jambe droite de son adversaire **(PHOTO 6)** pour le renverser **(PHOTO 7)** et termine avec une frappe dans l'aine **(PHOTO 8).**

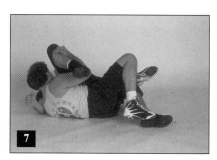

• Technique 4

- Lavonne et Mathieu sont en garde **(PHOTO 1)**.

- Lavonne attaque en *pak sao da* de la main droite **(PHOTO 2)**...
que Mathieu tente de parer en utilisant *tan sao*
en changeant de bras **(PHOTO 3)**.

- Lavonne fait un *lop sao* sur le bras avant de Mathieu
et frappe en *chung chuie* du gauche au corps **(PHOTO 4)**...
et un revers de poing du même bras **(PHOTO 5)**.

- Lavonne continue en clé de bras **(PHOTO 6)**
et amène son adversaire au sol **(PHOTO 7).**

- Elle continue à le contrôler avec une clé de poignet **(PHOTO 8)**...
puis passe sa jambe gauche par-dessus la tête de Mathieu
et sa droite par-dessus son corps pour finir simultanément
en clé de bras et en étranglement **(PHOTO 9).**

• **Technique 5**

- Salem et Jean-Michel sont en garde **(PHOTO 1)**.

- Jean-Michel attaque avec un *jab* que Salem intercepte en frappant avec un *biu jee* du bras avant **(PHOTO 2)**.

- Salem poursuit avec *jao sao* **(PHOTO 3)**, puis chasse le bras gauche *(huen sao)* et frappe avec la paume de la main au corps **(PHOTO 4)**, passe son bras droit par-dessous le bras gauche de Jean-Michel **(PHOTO 5)** et projette son partenaire **(PHOTO 6)**.

 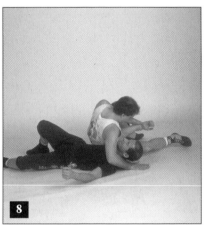

- Il l'amène au sol en gardant le contrôle de son bras droit **(PHOTO 7)**.

- Salem enroule la tête de Jean-Michel avec son bras droit tout
en effectuant une clé d'épaule avec sa jambe droite **(PHOTOS 8 ET 9)**.

- Salem applique alors la pression simultanément au cou
et à l'épaule de Jean-Michel **(PHOTO 10)**.

 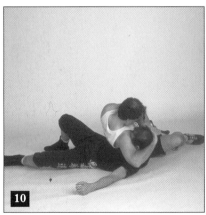

• **Technique 6**

- Salem et Jean-Michel sont en fausse garde **(PHOTO 1)**.

- Jean-Michel attaque avec un *o'out tek* de la jambe arrière que Salem capture en contrant simultanément avec un *juk tek* de la jambe droite au genou **(PHOTO 2)** et un coup de genou gauche à l'aine **(PHOTO 3)**.

- Après avoir projeté son adversaire au sol, Salem continue avec *dum tek* du pied gauche aux parties génitales **(PHOTO 4)**.

- Salem épingle la jambe droite de son adversaire avec son pied pour exécuter une clé de cheville sur la jambe gauche **(PHOTO 5)**.

- Salem retourne ensuite son adversaire, sur lequel il vient s'asseoir et poursuivre sa clé de jambe **(PHOTO 6)**.

• Technique 7

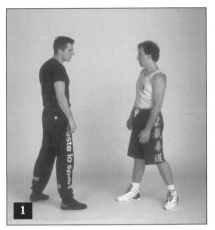 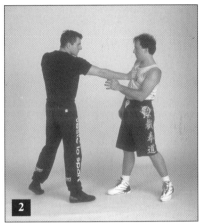

- Salem et Mathieu sont en garde **(PHOTO 1)**.

- Mathieu accroche Salem de la main droite **(PHOTO 2)**.

- Salem riposte immédiatement avec *jern da*
(frappe avec la paume de la main) au visage **(PHOTO 3)**...

- Puis un coup de genou de la jambe droite **(PHOTO 4)**.

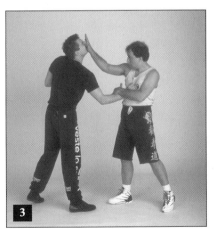 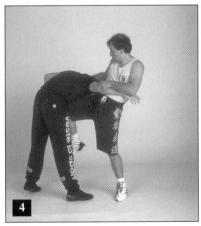

- Salem passe son bras droit sous le bras gauche de Mathieu et le fait pivoter **(PHOTO 5)**...

- Puis l'amène au sol **(PHOTOS 6-7)**...

- Salem s'assoit et, en étirant sa jambe droite, il accentue la pression sur le cou de Mathieu **(PHOTO 8)**.

 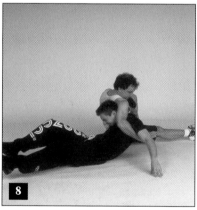

CHAPITRE 27

QUELQUES DÉFENSES SUR DES SAISIES SIMPLES

S'il existe un très grand nombre de saisies et façons de capturer les bras (ou les jambes) de l'adversaire, les moyens de s'en défendre sont également très nombreux. Mais tout comme pour les défenses contre les attaques aux poings classiques, cela nécessite du *timing*, de la vitesse et autant de vigilance et de sang-froid. Un autre élément important est la distance, encore et toujours, car même si vous avez toutes ces qualités, il vous sera difficile de venir à bout d'une puissante saisie si vous ne savez pas gérer convenablement votre espace.

Une des premières techniques de défense contre le *pak sao* est... le *pak sao*. En effet, lorsque vous sentez la pression de votre adversaire sur votre bras avant, vous pouvez anticiper et frapper avec le *pak sao* avant que le sien n'arrive à destination.

Une autre technique consiste à utiliser le *lop sao* sur son bras avant dès que votre adversaire initie son attaque et de le contrer simultanément avec un *qua chuie* du bras gauche par exemple.

• **Contre sur simple *pak sao da* en utilisant *gnoy biu jee***

- Salem et Jean-Michel sont en garde (PHOTO 1).

- Jean-Michel tente un *pak sao da* **(PHOTO 2)**.

- Avant qu'il n'ait pu finir, Salem l'intercepte avec un *biu jee* du bras avant sur l'extérieur de son bras d'attaque **(PHOTO 3)**.

- Salem baisse le bras avant de son adversaire et *pak sao da* **(PHOTO 4)**, et termine en *lop sao da* de l'autre main **(PHOTO 5)**.

• Défense sur *pak sao* en utilisant *loy biu jee*

- Lavonne et Mathieu sont en garde **(PHOTO 1).**

- Mathieu attaque avec un *pak sao da* que Lavonne pare
avec *loy biu jee* **(PHOTO 2).** Lavonne enchaîne avec un *loy lop sao*
et un revers du poing *(qua chuie* de la main droite) **(PHOTO 3).**

- Lavonne termine en utilisant toujours sa main droite
pour capturer le bras avant de Mathieu et frappe simultanément
avec un direct du poing gauche *(chung chuie)* **(PHOTO 4).**

• Défense sur *pak sao lop sao*

- Lavonne et Mathieu sont en garde **(PHOTO 1)**.

- Mathieu attaque avec un *pak sao da* que Lavonne bloque **(PHOTO 2)**.

- Mathieu tente un *lop sao* que Lavonne pare
avec un *bong sao* **(PHOTO 3)**.

- Elle stoppe son revers de poing **(PHOTO 4)** qu'elle capture
de la main gauche **(PHOTO 5)** et frappe en coup de poing direct
(*chung chuie*) de la main droite **(PHOTO 6).**

• Défense sur *pak sao lop sao*

- A partir du point d'attache **(PHOTO 1)**, Jean-Michel attaque avec un *pak sao da* que Salem bloque de la main arrière **(PHOTO 2)**.

- Jean-Michel tente un *lop sao* **(PHOTO 3)**, mais Salem le dissout avec un *bong sao* **(PHOTO 4)**.

- Du même bras, il effectue un *tan sao* **(PHOTO 5)**
et *pak sao da* avec *chung chuie* toujours du même bras **(PHOTO 6)**
avant de terminer avec un *lop sao* de la main gauche
et un autre *chung chuie* de la main droite **(PHOTO 7)**.

• **Contre sur un double** *pak sao da*

- Lavonne et Jean-Michel sont en garde **(PHOTO 1)**.

- Jean Michel attaque avec un premier *pak sao da*
que Lavonne arrête **(PHOTO 2)**.

- Il continue avec un *loy pak sao da* sur le bras arrière de Lavonne,
mais sans mettre assez de force sur ce deuxième *pak sao* **(PHOTO 3)**.

- Lavonne pare son attaque avec un *loy pak sao* **(PHOTO 4)** et frappe en *chung chuie* **(PHOTO 5)**.

- Elle poursuit sa riposte avec un *loy lop sao da* **(PHOTO 6)** et termine avec un *biu jee* de l'autre main **(PHOTO 7)**.

CHAPITRE 28

TECHNIQUES OFFENSIVES UTILISANT LE JAO SAO

Comme nous l'avons expliqué dans le chapitre consacré aux saisies, *le jao sao* permet dans un mouvement circulaire de changer de ligne d'attaque, l'autre main étant toujours en contact avec le bras de l'adversaire. Le *jao sao* peut passer :

- de la ligne extérieure à la ligne intérieure ;
- de la ligne intérieure à la ligne extérieure ;
- de la ligne extérieure à la ligne extérieure ;
- de la ligne haute à la ligne basse ;
- de la ligne basse à la ligne haute.

Le *jao sao* permet d'innombrables opportunités où quasiment toutes les parties du corps peuvent être utilisées pour divers enchaînements. C'est une technique relativement facile à exploiter en jun fan kick-boxing, et qui permet de suivre très rapidement avec des techniques ABC. Lors de l'exécution du *jao sao*, il faut toujours se positionner à gauche ou à droite de la garde de l'adversaire, de façon à ce que ses poings, même capturés, ne se trouvent pas en face de vous.

Voici quelques-unes des techniques offensives fondamentales qui utilisent le *jao sao* :

1- *Pak sao*, *jao sao*, *jut sao* pour faire baisser sa garde
et frappe du même bras (*da*).

2- *Pak sao* avec go da (frappe au visage entre sa garde), *jao sao* et *jut sao da*.

3- *Pak sao* avec joan da (frappe au corps), *jao sao* et *jut sao da*.

4- *Pak sao* avec ha da (frappe en ligne basse), *jao sao* et *jut sao da*.

5- *Pak sao* avec frappe simultanée au visage ou au corps, suivis de *jao sao*, double *jut sao* et *sut da* (coup de genou) de la jambe avant.

6- *Pak sao* avec frappe simultanée au visage ou au corps, suivis de *jao sao*, double *jut sao* et *jang da* (coup de coude) du bras avant au visage.

7- *Pak sao* avec frappe simultanée au visage ou au corps, suivis de *jao sao*, double *jut sao* et *jong tao* (coup de tête).

8- *Pak sao* avec frappe simultanée au visage ou au corps, suivis de *jao sao*, double *jut sao* et *dum tek* (coup de pied écrasé) de la jambe avant sur le pied avant de l'adversaire.

9- *Pak sao* avec frappe simultanée au visage ou au corps, suivis de *jao sao*, double *jut sao* en faisant pivoter l'adversaire de la droite vers la gauche, et enchaîner avec *hou dum tek* et *pak sao* da de la main gauche.

• JAO SAO TECHNIQUE A

- Salem et Mathieu sont face à face **(PHOTO 1)**.

- Salem attaque avec *pak sao da* puis *biu jee* à la gorge de son adversaire **(PHOTO 2)**.

- Salem *jao sao* **(PHOTO 3)**, puis double *jut sao* les deux bras de son adversaire en frappant simultanément en coup de genou de la jambe avant **(PHOTO 4)**.

- Salem termine avec un *pak sao* et *chung chuie* **(PHOTO 5)**.

• JAO SAO TECHNIQUE B

- Salem et Mathieu sont en garde **(PHOTO 1)**.
- Salem attaque avec *ping chuie* au corps, Mathieu bloque du bras arrière tout en frappant du bras avant **(PHOTO 2)**.

- Salem capture le bras avant et dans le même temps, il effectue
un *jao sao* sur le bras arrière de son adversaire **(PHOTO 3)**, puis il utilise
un double *jut sao* et écrase le pied avant de son adversaire **(PHOTO 4)**.

- Salem enchaîne avec un coup de coude au visage **(PHOTO 5)**.

Dan et Salem après une classe de kali philippin à l'Inosanto Academy.

CHAPITRE 29

TECHNIQUES DE DÉFENSE CONTRE DES ARMES

Pour Bruce Lee, une personne armée est une personne désavantagée, car elle est obligée de se concentrer sur son arme et les moyens dont elle va s'en servir alors que sans elle on peut se concentrer sur toutes les armes qui sont à notre disposition, les poings, les pieds, la tête, les coudes, les genoux, etc. Cependant cela est surtout vrai s'agissant de ceux qui ne pratiquent pas les arts martiaux ; si cette personne est experte dans le maniement du couteau, par exemple, il vaut mieux avoir sous la main une arme plus longue, ou au moins équivalente ; malheureusement, c'est une option qui n'est pas toujours disponible. Faire face à un individu armé d'un bâton peut être dangereux, faire face à un individu armé d'un couteau peut être mortel ; c'est évidemment une situation qu'il ne faut pas prendre à la légère. Cela prend des années d'entraînement et une bonne maîtrise des distances pour sortir indemne d'une telle confrontation, et, à moins d'avoir de la chance, en plus du talent, il faut quand même s'attendre à être blessé. Le tout est de l'être le moins possible aux endroits les moins vulnérables.

Si en jun fan jeet kune do, on va tenter d'utiliser l'arme la plus longue (sa jambe avant) sur des cibles sensibles telles que les genoux et les parties génitales, on essayera toujours dans la mesure du possible d'adapter ce même principe en situation de self-défense. Si votre agresseur utilise un couteau, vous essaierez de trouver un bâton ou n'importe quoi qui puisse faire office de bâton, tel qu'un parapluie, un tuyau, ou même un vêtement. Ce principe issu du kali s'harmonise, comme nous allons le voir dans les séquences suivantes, parfaitement avec les concepts du jeet kune do.

Il y a une infinité de possibilités d'attaques et donc de réponses. Les techniques suivantes ne sont là que pour vous donner une idée de ce qui est possible ; cela étant, jamais deux personnes ne vous attaqueront de la même manière. Il faut donc constamment varier les possibilités d'attaques et de défense. Ces techniques vous permettront d'avoir un peu d'expérience et de vous familiariser avec l'arme et le type de situation.

DÉFENSE À MAINS NUES SUR UNE ATTAQUE AU COUTEAU

• Technique 1

- Dan Inosanto est face à face avec Salem qui est armé d'un couteau (**PHOTO 1**).

- Celui-ci attaque avec une frappe au visage que Dan esquive (**PHOTO 2**).

- Au retour de l'attaque, il pare de la main droite et frappe son adversaire en pique aux yeux de la main gauche (**PHOTO 3**).

- Dan rabaisse le bras armé de son adversaire et le place
sur son avant-bras gauche **(PHOTO 4)**... puis repousse l'arme
sous l'aisselle de Salem **(PHOTO 5)**... et le désarme **(PHOTO 6)**.

- Dan attrape son adversaire au cou (**PHOTO 7**)...
frappe avec un coup de pied derrière le genou
de celui-ci (**PHOTO 8**)... pour l'amener au sol (**PHOTO 9**).

• Technique 2

- Lavonne est face à son agresseur **(PHOTO 1)**.

- Sur l'attaque au visage de son agresseur, elle lui attrape la main droite et frappe simultanément en pique aux yeux de l'autre main **(PHOTO 2)**.

- Elle descend le bras armé et lui fait traverser la ligne centrale **(PHOTO 3)**.

- Elle utilise une clé de poignet **(PHOTO 4)**...
et désarme son assaillant en gardant le couteau
pour couper son adversaire à la jambe **(PHOTOS 5 ET 6)**

• Technique 3

- Salem et Mathieu sont face à face **(PHOTO 1)**.

- Salem bloque de la main gauche l'attaque au visage tout en frappant de la jambe avant aux parties génitales de son adversaire **(PHOTO 2)**.

- Il exécute une parade chassée du bas vers le haut avec sa main droite **(PHOTO 3)**.

- Salem tire alors l'adversaire vers lui en contrôlant l'arme avec ses deux mains **(PHOTO 4)**... et frappe avec un *juk tek* (chassé) sur le genou de son agresseur **(PHOTO 5).**

Bruce à Rome entre deux prises de La Fureur du dragon.

- Salem désarme son agresseur avec sa main gauche **(PHOTO 6)** et le pique sous l'aisselle **(PHOTO 7)** pour terminer en lui fauchant la jambe avant **(PHOTO 8).**

• **Technique 4**

- Salem est face à son adversaire qui attaque avec un coup au corps **(PHOTO 1).**

- Salem pare de la main gauche et frappe simultanément avec la pointe des doigts aux yeux de son agresseur **(PHOTO 2).**

- Salem récupère le bras armé en passant par-dessous avec sa main droite et place le plat de la lame sur son avant-bras gauche tout en tirant son adversaire vers lui **(PHOTO 3).**

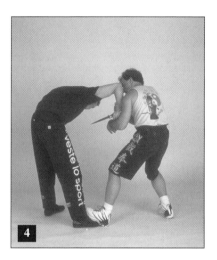

- Il avance brusquement son pied gauche qu'il vient placer
sur celui de son adversaire **(PHOTO 4)**... et termine en piquant au corps
(PHOTOS 5 ET 6, DÉTAIL).

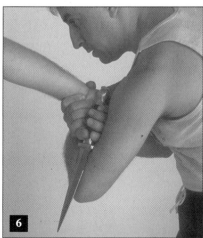

COUTEAU CONTRE COUTEAU

• Technique 5

- Dan Inosanto et Salem sont face à face **(PHOTO 1)**.

- Salem tente de frapper en coupant au visage. Dan bloque avec son couteau de la main droite **(PHOTO 2)**.

- Il suit le mouvement d'attaque de la main gauche tout en coupant l'intérieur du bras de son adversaire **(PHOTO 3)**.

- Il coupe une seconde fois dans la descente **(PHOTO 4)**.
- Puis il ouvre la garde et vient piquer sous l'aisselle **(PHOTO 5)**…
et désarme en changeant de main **(PHOTOS 6 ET 7)**.

DÉFENSE À MAINS NUES SUR UNE ATTAQUE AU BÂTON

• Technique 6

- Dan Inosanto est en alerte face à son adversaire qui s'apprête à initier une attaque (PHOTO 1).

- Dan bloque la main armé de son agresseur en plaçant la sienne sous la poignée du bâton (PHOTO 2).

- Dan réplique en frappant avec la pointe des doigts aux yeux de son adversaire (PHOTO 3).

- Puis il utilise son genou comme levier
pour désarmer son adversaire **(PHOTO 4)**.

- Il enchaîne en frappant au visage de la main droite **(PHOTO 5)**.

- Toujours en
contrôlant le bras
de son adversaire,
il l'amène au sol
(PHOTO 6).

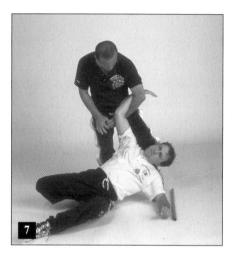 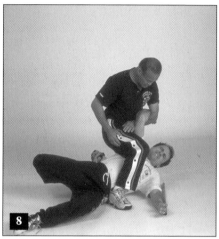

- Il termine en clé de bras **(PHOTOS 7, 8 ET 9).**

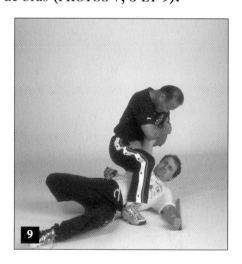

• Technique 7

- Tenant un bâton avec ses deux mains, l'adversaire de Salem s'apprête à frapper au visage **(PHOTO 1)**.

- Salem avance immédiatement sur l'attaque en bloquant de sa main gauche et en piquant aux yeux de la main droite **(PHOTO 2)**.

- Il capture en enroulant le bâton de son bras gauche **(PHOTO 3)**.

- Il frappe les bras de son adversaire pour le désarmer **(PHOTO 4)**.

- Ayant maintenant l'arme en sa possession, Salem attaque
en revers au visage **(PHOTO 5)**…
- Et, dans la suite du mouvement,
il frappe à nouveau aux jambes **(PHOTOS 6 ET 7).**
- Détail du désarmement **(PHOTO 8).**

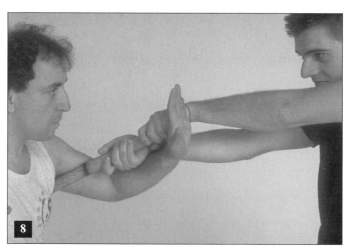

BÂTON CONTRE BÂTON

• **Technique 8**

- Dan Inosanto et Salem sont en position d'attaque **(PHOTO 1)**.
- Salem attaque en frappant au visage, Dan bloque de l'intérieur **(PHOTO 2)**.
- Dan contrôle la main qui attaque **(PHOTO 3)** et ramène le bras armé
de son adversaire sur sa droite en changeant de garde en arrière
pour éviter de se faire toucher en ligne basse **(PHOTO 4)**.

- Puis il éjecte le bâton **(PHOTO 5)**...
et continue en frappant au visage avec son propre bâton **(PHOTO 6).**

LE SPARRING

La meilleure façon de savoir si ce qui constitue notre bagage technique est réellement efficace sera de l'expérimenter à travers le *sparring*. Le *sparring* permet de mieux se connaître soi-même et de savoir tout de suite ce qui marche pour nous. Certaines personnes accumulent des tas de techniques mais elles ne font jamais de *sparring* ou d'assauts, ce qui peut avoir des conséquences fâcheuses lors d'une confrontation réelle. Les styles de combat les plus efficaces sont curieusement ceux qui mettent l'accent sur le combat. Car on ne fait bien que ce que l'on fait souvent.

Le combat total, sans aucune restriction, est la finalité du jeet kune do. Bien sûr, on ne peut pas toujours travailler le combat total avec notre partenaire qui est aussi notre ami, on peut s'en rapprocher avec des protections adéquates (gants, casque, protège-tibias, coquilles, plastron, etc.) et en gardant quand même à l'esprit que l'on ne cherche pas ici sa destruction, mais au contraire son aide pour développer notre *timing*, notre vitesse, nos réflexes, etc. Le but du *sparring*, c'est aussi de savoir si les techniques apprises, ou celles que l'on affectionne, sont vraiment

*Bruce frappe à la tête de son adversaire avec un coup de pied circulaire,
pendant un sparring avec casque de protection (chose assez rare).
Bruce aimait particulièrement les sessions d'entraînement en plein air.*

faites pour nous. C'est lors des sessions de *sparring* que l'on va vraiment pouvoir progresser, que ce soit dans notre façon de nous déplacer dans l'espace tout en gardant un équilibre parfait, ou encore améliorer notre sens des distances, ainsi que notre coordination pieds-poings, etc.

On peut déterminer à l'avance la durée du *sparring* par exemple :
- 30 secondes (souvent pour le *sparring* total au sol, ou contre plusieurs adversaires, ou encore lorsque l'on change rapidement de partenaire sans temps de repos sur 2 ou 3 minutes) ;
- 1 minute ;
- 2 minutes ;
- 3 minutes ;
- Illimité (pour le travail au sol avec soumission).

On peut également déterminer à l'avance le thème du *sparring*. Voici quelques exemples[1] :
- Une seule technique spécifique du bras avant,
même chose pour l'adversaire.
- Toute technique du bras avant contre toute technique du bras avant.
- Une seule technique spécifique de la jambe avant,
même chose pour l'adversaire.
- Toute technique de la jambe avant contre toute technique
de la jambe avant.
- Bras avant contre jambe avant.
- Toute technique de poing contre jambe avant.
- Bras et jambe avant contre bras et jambe avant.
- Bras et jambe avant contre toute technique de poing.
- Bras et jambe avant contre toute technique de pied.
- Toute technique de poing contre toute technique de poing.
- Toute technique de pied contre toute technique de pied.
- Toute technique de poing contre toute technique de pied.
- Jambe avant et toute technique de poing contre jambe avant
et toute technique de poing.

---

[1] *Cette liste est beaucoup plus longue, sans compter que l'on peut ajouter avec les protections l'utilisation des coups de genou et des coups de coude.*

On peut, sur des tapis, ajouter :
- les projections, les balayages, et toutes sortes de mises au sol ;
- la lutte au sol ;
- une personne debout, l'autre au sol ;
- pieds-poings contre lutte...

Ainsi que des *sparring* contre adversaires multiples tels que :
- 1 contre 2 ;
- 2 contre 3...

Pendant le *sparring*, c'est notre esprit et notre intelligence qui doivent prédominer et influer sur le combat, il ne faut pas se laisser guider par les émotions. Souvent après avoir été touché, on peut se laisser aller à une colère intérieure qui, même minime, ralentira notre *timing* et nos réponses aux attaques adverses. Il est donc crucial de garder son calme le plus possible, surtout durant une réelle confrontation. Il faut être calme en gardant une position la plus naturelle possible, tout en étant totalement concentré, le corps entièrement relâché, mais prêt à bondir à la moindre opportunité. Plus on est relâché, plus on est rapide, la rigidité rend plus lent et télégraphie les mouvements.

Même si je l'ai déjà précisé deux ou trois fois dans ce livre, j'aimerais réitérer ici le fait qu'il y a une différence entre un assaut libre, même en jun fan durant une session d'entraînement, et un vrai combat de rue. Hormis l'absence totale de règles, une des différences majeures, c'est que le premier est limité dans le temps, alors que le second ne l'est pas, même s'il a toute les chances de durer moins longtemps. Si en classe, durant les assauts, l'adrénaline peut parfois monter, elle n'ira jamais aussi haut que lorsque vous vous trouverez dans une situation où votre vie est en jeu (si jamais ce malheur doit vous arriver...). Ce genre de situation nécessite un entraînement encore plus poussé car nombreux sont les pratiquants d'arts martiaux qui perdent tous leurs moyens face à une véritable agression et qui voient tout leur potentiel tomber à l'eau.

Le *sparring* est quelque chose de personnel ; même si l'on peut copier certaines caractéristiques qui sont la propriété de nos instructeurs ou modèles, durant le *sparring* on est face à soi-même, en face d'une autre personne qui est également face à elle-même. C'est pourquoi il est important de bien se connaître. Finalement, comme disait Bruce Lee : «Transformez votre *sparring* en jeu, mais jouez sérieusement. Sans prendre votre *sparring* trop au sérieux ! ».

LEXIQUE DU JUN FAN GUNG FU JEET KUNE DO

Dan Inosanto.

LEXIQUE DU JUN FAN GUNG FU
JEET KUNE DO

Bai jong	Position de garde
Biu jee	Direct avec la pointe des doigts
Biu sao da	Déflexion doigts en pointe avec frappe
Biu sao	Déflexion avec les doigts de la main en pointe
Bong sao	Déflexion avec le coude levée
Chop chuie	Frappe avec les phalanges (patte de léopard)
Chum jang	Déflexion en ligne basse avec le coude
Chum kiu	Chercher le pont (le point d'attache)
Chung chuie	Coup de poing vertical
Da	Coup, frappe
Dan chi sao	*Chi sao* avec un seul bras
Dim jern	Frappe verticale avec la paume de la main
Do	Sabre ou poignard
Dum tek	Coup de pied en rebond
Fak sao	Revers avec le tranchant de la main
Fook da	Bras posé sur celui de l'adversaire avec frappe
Fook sao	Déflexion de l'avant-bras
Gim	Sabre
Gin lai	Salut / respect
Gnoy	Extérieur
Gnoy lop sao	Tirer avec la main à l'extérieur
Gnoy pak sao	Parade giflée extérieure
Go da	Frappe en ligne haute
Goang	Dur

Goang sao	Blocage du bras avec tranchant externe du poignet (*hard inward low block*)
Gum sao	Pression de la main
Ha da	Frappe en ligne basse
Ha jao sao	La main qui contourne, désengage en ligne basse
Ha pak	Parade chassée en ligne basse
Ha so tek	Balayage en revers
Ha woang pak	Parade croisée en ligne basse
Hay, hey	Commencez
Hou chung chuie	Coup de poing vertical main arrière
Hou jik dum tek	Coup de pied en chassé frontal jambe arrière
Hou jik tek	Coup de pied direct jambe arrière
Hou juk tek	Coup de pied de côté jambe arrière
Hou o'ou tek	Coup de pied circulaire jambe arrière
Hou tek	Coup de pied de la jambe arrière
Huen sao	Parade circulaire de la main
Jang da	Coup de coude
Jao mah	Le cheval au galop
Jao sao	La main qui contourne, désengage
Jee yao bok gik	Combat libre
Jeet da	Coup d'arrêt
Jeet gek	Faire obstruction avec le tibia
Jeet kiu	Le pont qui intercepte
Jeet sao	La main qui intercepte
Jeet tek	Coup de pied d'arrêt
Jern	Paume de la main
Jik chung chuie	Enchaînement de coups droits
Jik dum tek	Coup de pied chassé frontal
Jik gern	Coup droit avec la paume de la main
Jik tek	Coup de pied droit direct
Jin chuie	Uppercut
Jong sao	Les 108 techniques au mannequin de bois
Jong tao	Coup de tête
Juen juk tek	Coup de pied de côté en tournant
Juen qua tek	Coup de pied en revers frontal en tournant
Juen so tek	Coup de pied en revers latéral en tournant

Juen tek	Coup de pied en tournant
Juk tek	Coup de pied de côté
Jun fan	Retour à San Francisco (*si gung* / *si jo* Bruce Lee)
Jung da	Frappe en ligne médiane
Jut sao	Secousse de la main
Jut sao da	Secousse de la main avec frappe
Kao sao	Parade chassée large en crochetage de la main
Kwoon	École, club de gym, institut
Li sao	Déflexion en tirant avec paume de la main en haut
Lin wood	Rapide et précis
Loon sao	Blocage avec le bras à l'horizontal
Lop sao	Agripper / tirer avec la main
Lop sao da	Agripper / tirer avec la main avec frappe
Loy	Intérieur
Loy moon chuie	Frappe à l'intérieur des portes / barrages
Loy o'ou tek	Coup de pied circulaire inversé (fausse garde)
Loy pak sao	Parade giflée intérieure
Mah bo	Position du cavalier
Mo hay	Les armes chinoises
Mon sao	La main inquisitrice
Ng moon	Les cinq portes
O'ou chuie	Crochet du poing
O'ou sao	Parade chassée en crochetage de la main
O'ou tek	Coup de pied circulaire
Pak sao	Parade giflée
Pak sao da	Parade giflée avec frappe
Phon sao	Capture / saisie avec les mains
Ping chuie	Coup de poing horizontal
Qua chuie	Revers de poing
Qua tek	Coup de pied en revers frontal
Sat sao	Tranchant de la main (paume en bas)
Seong chi sao	*Chi sao* (les mains collantes) des deux mains
Si dai	Votre junior, jeune frère
Si fu	Instructeur, enseignant
Si gung	Grand-père, l'instructeur de votre instructeur
Si hing	Votre aîné / grand frère

Si jay	Votre aînée féminine / grande sœur
Si jo	Fondateur du style, du système
Si juk	Neveu, élève du *si dai*
Si mo	Femme / Compagne du *si fu*
Si mui	Votre junior féminine / petite sœur
Si tai gung	Arrière-grand-père
So chuie	Crochet long (*swing*)
So gerk	Balayage de la jambe
So tek	Coup de pied en balayage
Sot kil	Coup de poing en marteau
Sut da	Coup de genou
Tahk sao	Lever la main
Talk sao	Déflexion avec la paume levée sous le coude
Tan sao	Déflexion avec la paume de la main vers le haut
Tan sao da	Déflexion avec la paume de la main vers le haut avec frappe
Toe dai	Élève
Toe suen	L'élève de votre élève
Tung moon	Disciple du même style
Wing chun	Printemps radieux
Woang jern	Frappe croisée avec la paume de la main
Woang pak	Parade croisée
Wu sao	La main qui protège
Yu bay !	Prêt !
Yuen	Doux

---

*NOTE : « avec frappe » sous-entend toujours ici :
frappe simultanée de l'autre main.*

CONCLUSION

> IF PEOPLE SAY JEET KUNE DO IS DIFFERENT FROM "THIS" or FROM "THAT," THEN LET THE NAME OF JEET KUNE DO BE WIPED OUT, FOR THAT IS WHAT IT IS, JUST A NAME. PLEASE DON'T FUSS OVER IT. *Bruce Lee*

*« Si les gens disent que le jeet kune do est différent
de ceci ou de cela, alors faites que le jeet kune do disparaisse,
car il est ce qu'il est, juste un nom.
Et, s'il vous plaît, n'en faites pas toute une histoire. »*
Bruce Lee

Le jeet kune do est l'art du présent et du futur. Bruce travaillait beaucoup pour élever son niveau de conscience et celui de ses élèves, sans mysticisme, juste en utilisant les arts martiaux et leurs philosophies comme moyen d'y parvenir. Trop souvent, les pratiquants, même les instructeurs, se concentrent sur les techniques au détriment de ce travail sur eux-mêmes ; ils ne font aucun effort pour s'améliorer, pour s'élever et trouver leur équilibre. Pour Bruce Lee, pourtant, le travail spi-

« L'homme, créature vivante, individu créateur,
sera toujours plus important que n'importe quel style
ou système établi. »

rituel était tout aussi important que l'entraînement physique. À un haut niveau le pratiquant du JKD est une personne sociable, heureuse, équilibrée sur tous les plans. Mon souhait le plus cher est que les personnes qui lisent ce livre aient une idée plus claire de ce qu'est vraiment le jeet kune do. Du point de vue technique, s'il n'est pas nécessaire de connaître tout le *curriculum* du JKD par cœur pour être un bon combattant, c'est en revanche essentiel si l'on veut devenir instructeur. Que le lecteur se rappelle toujours que nous enseignons le *curriculum* tel que Bruce Lee nous l'a légué, mais que, malgré cela, nous ne devons pas nous y tenir comme s'il ne servait à rien de s'améliorer. Bruce voulait toujours que l'on continue d'explorer, d'innover, de créer. « L'homme, créature vivante, individu créateur, est toujours plus important que n'importe quel style ou système ». Le jeet kune do est une méthode d'apprentissage individuel sans fin, au sujet de laquelle Dan Inosanto déclarait tout récemment : « Faire du JKD ne veut pas dire que nous sommes compétent en la matière, cela ne veut pas dire que nous avons les qualités requises. Être mulsulman, bouddhiste ou chrétien ne veut pas dire que l'on a les qualités de Jésus par exemple ». Bruce disait souvent : « Le jeet kune do, on l'a ou on ne l'a pas, c'est aussi simple que ça ».

ANNEXES

LE JEET KUNE DO ET L'INTERNET

Nous vivons vraiment une époque formidable ; grâce à l'internet, qui devient petit à petit le système nerveux de l'humanité, nous avons accès sans restrictions à toutes sortes d'informations. Tous les systèmes et styles de combats ont leur site internet, et on peut apprendre des tas de choses tout en restant chez soi. Je suis persuadé que Bruce Lee aurait trouvé cet outil extraordinaire.

Si l'internet offre la possibilité de découvrir énormément d'informations, il vous donne également la possibilité de choisir ces informations que vous allez mettre dans votre cerveau mieux que ne peut le faire la télévision. Tout le monde peut avoir son site ; mais cette médaille a aussi son revers. Souvent en effet, beaucoup de gens écrivent et disent n'importe quoi sur leur site ou encore quand ils discutent en direct. Il est donc nécessaire de vérifier les informations et, si possible, aller sur les sites officiels, quelle que soit la discipline que l'on recherche.

L'Inosanto Academy a maintenant un site internet officiel dont l'adresse est la suivante : www.inosanto.com

www.jeetkunedokali.com

Voici le site officiel de l'Association française de jeet kune do et kali, association liée directement à l'Inosanto Academy. Le site devrait être en activité au moment où vous lirez ces lignes.

www.jeetkunedokali.com

Vous y trouverez des tas d'informations relatives à l'Inosanto Academy, des informations techniques, toutes les informations sur les stages tant en France qu'à l'étranger, les noms et adresses des clubs et futurs clubs tant en France qu'en Europe et leurs instructeurs reconnus par l'AFJKD et kali et l'Inosanto Academy. Vous pourrez également y laisser des messages. Vous pouvez aussi en attendant écrire par courrier électronique à l'adresse suivante :

afjkdetkali@yahoo.com

Si vous désirez devenir membre de l'Association française de jeet kune do et kali (ce qui permet de recevoir : la licence, le magazine *Regards sur l'Inosanto Academy* avec des articles traduits en français, écrits par Bruce Lee, Dan Inosanto, Salem Assli et d'autres instructeurs américains, de nombreuses photos inédites, planches techniques, etc., des remises sur les stages, passer les examens officiels reconnus par l'Inosanto Academy, recevoir les informations sur les stages et bien d'autres avantages), vous pouvez écrire à l'une des adresses suivantes afin de recevoir les formalités d'inscription :

AFJKD et kali
12, rue Montgolfier, 59700 Marcq-en-Barœul FRANCE

ou

AFJKD et kali
P.O. Box 66796, Los Angeles, CA 90066 USA

LOS ANGELES

LE 11 MARS 2002

Nous adressons nos plus vives félicitations à Salem Assli pour la formation de l'Association française de jeet kune do et kali. Nous sommes fiers d'apporter notre soutien à Salem, dans ses efforts pour promouvoir et enseigner les arts de Lee Jun Fan, du jeet kune do et du kali, à travers son association.

Salem Assli est notre seul représentant et instructeur en France, autorisé par moi-même et l'Association internationale des instructeurs d'arts martiaux Inosanto, à enseigner les arts du jun fan gung Fu, l'art et la philosophie du jeet kune do et les arts martiaux philippins (kali) tels que je les enseigne. Aucune autre organisation ni individu en France n'est autorisé ni légitimement reconnu, ou n'a les références en tant qu'instructeur sous ma direction ou celle de l'Association internationale des instructeurs d'arts martiaux Inosanto. Aucune autre association ou individu en France n'a l'autorisation d'utiliser le nom d'Inosanto, les logos, les noms de Lee Jun Fan ou du jeet kune do dans la promotion ou l'enseignement de ces arts.

Salem Assli est la seule personne en France ayant reçu l'autorisation de représenter l'association d'instructeurs Inosanto, nous encourageons les personnes qui auraient des questions à ce sujet à contacter M. Assli.

The Inosanto International Martial Art Instructors Association
13428 Maxella Ave. Suite #B
Marina Del Rey, CA 90292 USA

Sifu Dan Inosanto
Fondateur / Instructeur en Chef
Inosanto International Martial
Art Instructors Association

Simo Paula Inosanto
Directrice, Inosanto Academy
of Martial Arts

OÙ S'ENTRAÎNER EN FRANCE

Voici la liste des clubs reconnus par l'AFJKD et kali et l'Inosanto Academy. D'autres clubs sont en cours de formation. Pour prendre contact avec celui de votre région, veuillez contacter l'AFJKD et kali en envoyant un e-mail à : afjkdetkali@yahoo.com

KORAYKAN GYM
M. Jean-Michel RAY
62, rue des Garceaux - 03000 Moulins
Tél: 04 70 20 14 44
E-mail: jkdmoulins@yahoo.fr

LUXEMBOURG MARTIAL ARTS ACADEMY
M. Daniel LONERO
1, rte de Bettembourg - Luxembourg L-3378
Tél: (352) 26 51 22 54
E-mail: danlonero@hotmail.com

ASSOCIATION D'ARTS MARTIAUX
Lee Jun Fan - Jeet kune do
M. Richard FOUCRET
1, rue Madame de Sévigné - 53000 Laval
Tél: 02 43 08 02 22 / 06 13 84 32 94
E-mail: jeetkunedo.mayenne@free.fr

JUN FAN-KALI CLUB
M. Jorge MANSILLA
7/31, place Flamande - 59650 Villeneuve-d'Ascq
Tél: 06 81 46 73 59
E-mail: leemansilla@hotmail.com

JUN FAN - KALI MJC OULLINS
M. Steeve PASCUAL
10, rue d'Orsel - 69600 Oullins
Tél: 06 99 26 98 91 / 04 72 39 74 93
E-mail: jkdlyon@yahoo.fr

À PROPOS DE L'AUTEUR

Salem Assli partage son temps entre Los Angeles, où il réside depuis plus de quinze ans, et le reste du monde où il voyage pour dispenser des cours de jun fan jeet kune do et autres disciplines enseignées au sein de l'Inosanto Academy, telles que les arts martiaux philippins. Salem est également instructeur de muay thai certifié par Ajarn Chai Sirisute, et professeur de boxe française, gant d'argent 2e degré, disciplines qu'il enseigne à l'Inosanto Academy.

Salem Assli est le seul instructeur français diplômé par Inosanto lui-même. Il a fondé l'Association française de jeet kune do et kali dont le but est de promouvoir les arts martiaux de Lee Jun Fan et les arts philippins tels qu'ils sont enseignés dans les classes de l'Inosanto Academy. Salem est la seule personne en France légitimement reconnue par l'Association internationale des instructeurs d'arts martiaux de l'Inosanto Academy, et par là même la seule mandatée par Inosanto pour former des instructeurs. Aucune autre personne en France n'est autorisée ni mandatée à représenter l'Inosanto Academy. Salem Assli a écrit et réalisé plusieurs séries de vidéos en boxe française, en jun fan et en kali, tant aux Etats-Unis qu'en France et au Japon ; il achève actuellement un livre sur la boxe française. Si vous avez des questions concernant l'organisation d'un stage avec Salem Assli, examens des différentes phases du jun fan JKD, ou comment être certifié, vous pouvez le contacter en écrivant directement à :

Inosanto Academy of Martial Arts
c/o Salem Assli
7298 West Manchester Ave, Suite B
Los Angeles, CA 90045
USA

BIBLIOGRAPHIE

Tao of Jeet Kune Do
By Bruce Lee
O'Hara Publications

Jeet Kune Do
The Art and Philosophy of Bruce Lee
By Dan Inosanto
Know Now Publishing

A Guide to Martial Arts Training with Equipment
By Dan Inosanto
Know Now Publishing

Absorb what is useful
By Dan Inosanto
Know Now Publishing

Bruce Lee's Commentaries on the Martial Way
Edited by John Little
Tuttle Publishing

Regards sur l'Inosanto Academy
Edités par Salem Assli
Revues publiées entre 1998 et 2000
Par l'AFJKD et kali

Bruce avait un physique remarquable. Il passait des heures à cultiver son corps (comme son esprit). C'est James Lee, un adepte du culturisme, qui encouragera Bruce à travailler la musculation plus sérieusement. Comme à son habitude, Bruce en fera une de ses spécialités. Il lui arrivera fréquemment de faire des programmes personnalisés pour ses élèves. Vers la fin des années 1990, le magazine Muscle et fitness *fera l'éloge du Petit Dragon en consacrant plusieurs pages à sa méthode d'entraînement et de préparation physique. Il est vrai que les clubs de fitness et de musculation doivent beaucoup à l'influence positive que Bruce a pu avoir sur des centaines de milliers de personnes.*

BRUCE LEE
par Christophe Genet

A lire absolument !

Bruce Lee était une star sans équivalent, un artiste complet aussi doué dans la pratique du combat que dans la création cinématographique. Aujourd'hui que les films d'arts martiaux deviennent chaque jour plus populaires, aucun combattant n'est parvenu à éclipser l'étoile du Petit Dragon, bien au contraire ; il reste unique, inimitable, indépassable. Mais sait-on bien qui il fut vraiment ?

Beaucoup de rumeurs et d'idées fausses circulent au sujet de sa vie, pleine de rebondissements, de sa disparition, pour le moins étrange, de son dernier film *Le Jeu de la mort* dont les bobines originales ont été trop longtemps gardées dans les coffres de la Golden Harvest. Cet ouvrage sans équivalent se propose de faire le point sur tous les aspects de la vie et de la carrière de Bruce Lee pour enfin tordre le cou à toutes ces contrevérités. Plus qu'une simple biographie, c'est un véritable ouvrage de référence (agrémenté de nombreuses photos et documents inédits en français) – ouvrage qui va jusqu'à détailler tous les livres, films, vidéos, dvd, publiés à travers le monde *de* et *sur* Bruce Lee...

C'est le livre le plus riche, le plus détaillé, le plus complet jamais publié en français sur la vie du Petit Dragon. Il s'adresse bien évidemment d'abord aux inconditionnels de Bruce Lee, et tout particulièrement aux collectionneurs ; mais, écrit comme un roman, il passionnera aussi ceux qui découvrent aujourd'hui l'extraordinaire génie martial du Petit Dragon, qui, trente ans après sa mort, reste sans égal.

Christophe Genet, réalisateur, compositeur, scénariste, est « le » spécialiste de Bruce Lee pour la presse martiale (Ceinture noire, Karaté-Bushido, etc.). *Ceinture noire de kung fu wu shu, spécialiste du nunchaku et pratiquant de boxe française, il est l'ancien rédacteur en chef de* Bruce Lee Collector, *la seule revue française (aujourd'hui disparue) qui fut consacrée au Petit Dragon.*

SCIENCE DU COMBAT

TABLE DES MATIÈRES

Achevé d'imprimer en mai 2005
sur les presses de la Nouvelle Imprimerie Laballery
58500 Clamecy
Dépôt légal : mai 2005
Numéro d'impression : 504148

Édition n° 02

Imprimé en France